# 真相の近代建築

## 数奇な運命の建築家たち

佐々木宏

鹿島出版会

# まえがき

「近代建築」について、いまなお、起源と範囲をめぐって多様な説が主張されている。わが国ではかつて戦前から戦後にかけて「近代建築」の開祖はオーストリアのオットー・ヴァグナーであるという見方が有力であった。それは東大の教師の岸田日出刀が学位論文を『オットー・ワグナー』（岩波書店、二七年）として刊行して以来である。

その後、三〇年代初めに『アイ・シー・オール』誌に川喜田煉七郎がグスターフ・プラッツの著作を参考にして近代建築史を連載し、起源はヨーロッパの産業革命にまで遡った。この成果は、『近代建築史図集』（彰国社、五四年）や『建築学大系・六・近代建築史』（彰国社、五八年）に継承された。

一八世紀後半は様々な分野で合理主義や人道主義、技術革新、産業振興を基にして、新しい動向が現れ、それらは「近代化」と見なされている。鉄鋼の適用により、橋梁、温室、鉄塔などの新しい構築物の出現は、従来の建築観と対立した。それ故に一九世紀は、歴史的様式主義も混乱し、折衷主義も現れ、それらの中で「近代主義」の萌芽が次第に成長してきたのである。しかも、新しい装飾によって、歴史的様式主義を乗り越えようという運動が現れ、ゼセッション、アール・ヌーヴォー、モデルニスモなども「近代建築」の範囲に加える向きもある。

ギーディオンの『空間 時間 建築』（丸善、五五年）では「空間のムーヴマン（運動性・動き）」という点で、近代建築は一気にバロック期のボルロミーニの作品にまで遡った。（わたくしはこの本の日本語版の訳者に近代建築を教わった。ドイツ表現主義建築がまったく無視されていたのに驚いた。）

これらの理由により「近代建築」という用語はできるだけ使いたくなかった。かつて『近代建築の目撃者』の時は八人の老建築家との共通認識のキーとして用いた。この方々はいずれも「新興建築」から「近代建築」への移行の時代に活躍したのだった。

この本で「近代建築」が用いられているのは、ルドゥーとゼンパーが入っているからである。もし二人を除くことができたら「二〇世紀」としたかった。この二人は「近代建築」の範囲に入っているし、後世に大きな影響を及ぼした重要な建築家である。

二〇世紀には種々な運動があってデザインも多岐にわたった。無装飾な直方体とその変形を基調としたデザインに大勢が収斂してゆく契機は二〇年代後半の近代建築国際会議（CIAM）の活動によってもたらされて拡大したものである。そのデザインはアメリカで三二年に「インターナショナル・スタイル」と命名されたが、最近では、その傾向を「モダニズム」と呼ぶようになった。訳せば近代主義となるのだが、それでは的確にニュアンスを表現できないらしい。モダニズムと称することによって、そのデザインの特徴を表現しているらしい。しかし、その基になっている「モダン」は、今後絶えず使用されてゆく言葉であり、特定の時代に結びつけるものではない。

音楽の分野のアルス・ノヴァ（ARS NOVA）は一四世紀のフランス音楽を指す言葉だが、アール・ヌーヴォー（ART NOUVEAU）と同様に「新しい芸術」という意味なので注釈付の説明が絶えない。

「近代建築」もやがて何時の時代かと註付けになるだろう。誤解を少なくするためにも「一九世紀」とか「二〇世紀」という抽象的な表現が好ましいのではないか。

佐々木　宏

# 目次

# 凡例

年の表記は、一九〇〇年代については、はじめの一九を省略した。
　五六年は、一九五六年のことである。
文中でとりあげた展覧会、書籍はできるだけ、巻末に詳細な情報を掲載した。

# 真相の近代建築

G. ゼンパー

C. N. ルドゥー

## 数奇な運命の建築家たち

政治と戦争に翻弄されて

およそ半世紀前の五八年、建築家の政治的姿勢に関する興味深い論文が二件も発表された。建築評論家川添登は、「大東亜建設忠霊神域計画」を作成した丹下健三を「戦犯ものだった」と言及した（『現代建築を創るもの』彰国社、五八年）。「戦犯」とは戦争犯罪または戦争犯罪人の略である。しかし、丹下は戦勝連合軍によって「戦犯」にはされなかった。

建築史家神代《こうじろ》雄一郎は「不思議に思われることは、日本からは、ただ一人の亡命建築家も出なかったという事実である――それは言葉をかえれば日本の近代化の思潮が甘く、底が浅かったのである」と記している。（『建築学大系 六・近代建築史』彰国社、五八年）

一九世紀から二〇世紀にかけて欧米の建築家の動向において、政治や戦争に翻弄されて数奇で過酷な運命を辿った建築家は少なくない。思いつくままに拾い出してみよう。

無装飾建築の先駆者のクロード＝ニコラ・ルドゥーは、王室建築家となったが、革命後に反体制の嫌疑で拘禁、投獄され、ナポレオンが皇帝に就任したが登用されず、亡くなった。

ハンブルク生まれで、ドレスデンで建築活動を展開していたゴットフリート・ゼンパーは、一八四八年の革命で作曲家のリヒャルト・ワーグナーなどとともに亡命し、ロンドン、チューリヒ、ウィーンと移住し、チューリヒ連邦工科大学（ＥＴＨ）の創設、ウィーンの美術史美術館と自然史博物館を設計し、ローマで没した。戦後再建されたドレスデン歌劇場は「ゼンパー・オパー」と命名された。

A. サンテリーア

W. グロピウス

戦没者記念碑

ダイナミックな建築造形や複合建築による未来都市構想によって後世に大きな影響を与えたアントニオ・サンテリーアは、第一次大戦が勃発すると旧領土のトリエステを奪回しようという未来派のヒリッポ・T・マリネッティの呼びかけに応じて同志とともに志願兵として入隊して戦死した。二八歳の夭折だった。

コモ湖畔の電池の発明家アレッサンドロ・ヴォルタの顕彰施設の近くの「戦没者記念碑」（三三年）は、ジュゼッペ・テラーニがサンテリーアのスケッチを基にデザインしたものである。

コモのカサ・デル・ファッショ（三六年）は、テラーニの代表作であるばかりでなく、二〇世紀建築の最高作品のひとつであるが、忌まわしい政党の施設だった故で、いまだにイタリアでは真っ向から論じられることはなく、御用建築家テラーニの評価も錯綜している。

ムッソリーニのファシスト政権は新しい建築を容認していたので、反体制で亡命した建築家はほとんどいない。ブルーノ・ゼヴィはユダヤ系だったので、亡命してハーバード大学に学び、F・L・ライトのタリアセンに寄寓していたこともある。戦後、建築史家・評論家として世界的に著名となった。

ヒトラーによるナチス政権の樹立により、外国へ亡命した建築家が多いのはドイツである。バウハウスの創立者のワルター・グロピウスは三三年にイギリスへ逃れ、三七年にはハーヴァード大学に招かれてアメリカへ渡った。

社会主義革命をめざすドイツの指導者のカール・リープクネヒトとポーランド出身の女性革命家のローザ・ルクセンブルクの二人は、一九年一月に反革命暴力団によって暗殺された。その記念碑を煉瓦によるユニークなデザインで構成したのは、ミース・ファン・デア・ロー

B. タウト

M. v. d. ローエ

革命記念碑

エだった。三三年にナチス政権が確立すると、破壊抹消され、バウハウスの三代目校長として、ベルリンで私立校に転じたが、それも閉鎖された。三七年にアメリカの富豪の邸宅の設計依頼に応じて渡米した。そのまま帰国せず、イリノイ工科大学（ＩＩＴ）の設立に関与し、キャンパスと建築施設のすべてを設計し、教授として教育に従事した。その後の活動と影響は周知の通りである。

バウハウス閉鎖後に、設計事務所を開いて仕事をしていたルートヴィヒ・ヒルベルザイマーは、都市計画の著作もあったので、三八年にＩＩＴの教授として招かれシカゴへ移住した。

三二年にソ連に招かれたブルーノ・タウトが三三年に帰国するとナチス体制になっていた。日本経由でアメリカへ渡ろうとしたが、同伴者が正式の夫人でなかったので査証が下りず、三六年にトルコへ行き三八年に死去した。弟のマックス・タウトが、公共の仕事を禁じられただけで出国していないので、ユダヤ人ではない。

ジードルンク建設の中心だったマルティン・ヴァグナーも、三五年にトルコへ行き、三八年にアメリカでハーヴァード大学に移った。

フランクフルト・アム・マインのジードルンクで注目されたエルンスト・マイは、ソ連の要請に応じて同志とともに三〇年にモスクワへ赴いた。三四年に解任されたが母国はナチス体制だったので、東アフリカへ亡命した。四二年に大戦が始まり、イギリス軍に四五年まで収容所に監禁された。釈放後の五四年に帰国した。

ドイツ表現派建築の旗手のエーリッヒ・メンデルゾーンは、ユダヤ人だったのでナチスの圧迫を逃れて亡命し、ベルギー、イギリス、パレスチナと転じ、四一年以降アメリカに定住

H. シャロウン

H. ヘーリンク

E. メンデルゾーン

した。

ポーランド出身でユダヤ人のアリエ・シャロンは、バウハウス在学中にシオニズム（ユダヤ民族の国家再建運動）に加担し、三一年にパレスチナに移住し、以後、四八年のイスラエルの国家独立を挟んで、指導的建築家として活躍した。

二八年の近代建築国際会議（CIAM）の第一回大会で、ル・コルビュジエとドイツ代表のフーゴー・ヘーリンクとの間に論争があり、将来の建築デザインを、幾何学的造形をめざすべきという前者の主張と、形態よりも空間の機能的有機性を重視すべきという方法の提示が対立した。賛同は前者に集まった。ヘーリンクの方法に注目したのは、ハンス・シャロウンだった。ナチス体制に迎合しなかった二人は、知人の住宅設計や友人の援助で、思索を深めたり数多くのデッサンを描いたりして、研究を進めた。第二次大戦後に、シャロウンはベルリン工科大学の教授となり、都市計画から建築デザインまで、新しい方法を適用して注目された。

特にベルリン・フィルハーモニーのコンサートホールのデザインは、その後の世界中の音楽施設に大きな影響を与えた。

若き日に建築家志望だったヒトラーの夢の実現に協力したアルベルト・シュペアは軍需大臣と重用され、戦後は戦争犯罪人として禁固二〇年の刑を受け、満期まで服役し、回想録を残しロンドンで客死した。

パイプ椅子の創案者としてマルセル・ブロイヤーに勝訴したオランダのマルト・スタムは、ラジカルなコミュニストとしてエルンスト・マイとともに三〇年から三四年、ソ連で活動した。

国際連盟の設計競技案やベルナウの労働組合学校（三〇年）で知られるスイスのハンネス・

ル・コルビュジエ

M. ブロイヤー

マイヤーは、バウハウスの二代目校長となったがコミュニストだったので三〇年に解雇され、逃れて三六年までソ連に滞在した。一時帰国したが三九年にメキシコへ移住し、四九年に帰国した。

ハンガリー出身のマルセル・ブロイヤーは、バウハウス一期生としてマイスター（教官）になった。三三年にナチス体制になるとイギリスへ亡命し、三七年にアメリカへ移りハーヴァード大学教授となった。

ハンガリー出身のエルノ・ゴールドフィンガーはパリのエコール・デ・ボーザールに入学し、卒業は難航したが三一年に資格を与えられた。三三年にナチス政権が樹立されると、ユダヤ系だったのでロンドンへ移住し、イギリスの指導的建築家となった。

ロンドン動物園やハイポイント集合住宅で有名なテクトン・グループの中心建築家、バーソルド・リュベトキンはユダヤ系ロシア人だった。パリで事務所を開いたが、政治的予知能力が異常に鋭く、三〇年にはロンドンへ移り、三八年にチェンバレン首相がヒトラーとミュンヘン協定を結ぶと、開戦を予感して耐空爆地下壕の研究を始めたと伝えられている。

二〇世紀絵画の最高作品のひとつといわれる、ピカソの傑作「ゲルニカ」を展示したスペイン館（三七年パリ万国博）の設計者はホセ・ルイ・セルトとルイス・ラカサだった。内戦でフランコ政権が樹立されると「ゲルニカ」はニューヨークの近代美術館に寄託され、セルトはアメリカへ亡命し、ハーヴァード大学で職を得た。学部長のとき、カーペンターセンターの設計を師のル・コルビュジエに委託したのは有名である。ラカサは三九年にソ連へ亡命し、建築アカデミーで西側諸国の建築事情の分析・伝達などの仕事をし、五四年に中国へ派遣さ

国連本部設計案に関わった建築家たち

れ六〇年まで滞在、六六年モスクワで客死した。

かつてわが国でも人気のあったアンドレ・リュルサは、代表作の「カール・マルクス学校」(三三年)の後、三三年から三七年までソ連に滞在し新しいデザインの指導をした。帰国後四二年に建築家のレジスタンス組織を結成し、四三年に刑務所に収監され、四五年の終戦で釈放された。

二二年のアトリエ開設以来続いてきたル・コルビュジエと九歳年下の従兄弟のピエール・ジャンヌレとの協力体制は、四〇年に解消された。ドイツ軍の占領下で、ル・コルビュジエはヴィシー政府に関与し、ピエールはレジスタンス運動に参加したからである。戦後、ル・コルビュジエがチャンディガールの仕事に誘い、共同ではなくピエールが単独に設計活動ができるようにした。パンジャブ州の要職に就き、建築学校の校長にもなり、巨匠没後二年目にチャンディガールで死去した。

二〇世紀の二度の世界大戦後に、それぞれ世界平和を希求する国際機関が設立されたが、それらの両方に関与した建築家は、スイス出身のル・コルビュジエだけだった。国際連盟の本部の競技設計の九案が一位という異例の結果に含まれ、国際連合の建設委員会にはフランス代表として、実現した建築の原案を提示した。

第二次大戦中は、親ナチスのヴィシー政府に関与していたが、戦後はマルセイユの「ユニテ・ダビタシオン」(集合住宅)の設計や、ニューヨークの国連本部の設計に関与するという行動力を発揮した。最近の研究ではファシズム体制にもアプローチしていたらしい。

第二次大戦の傷病兵のための、フランス北西部サン・ローのフランコ・アメリカン病院で

A. アールト

有名となったポール・ネルソンは、プリンストン大学を卒業後、第一次大戦では空軍パイロットとして活躍し、除隊後、ボーザールを卒業してフランスとアメリカの両国で活躍し、七三年にフランスに帰化したが、いまだに評価は定着していない。

チェコ出身のアントニン・レーモンドは、F・L・ライトの帝国ホテル建設の助手として来日し、事務所を開設して設計活動をしていたが、日米開戦の予感で三七年にアメリカへ移り、日本空襲の計画に参加した。戦後再来日して設計活動を始めたが、在日のアメリカ占領軍施設の建設にも協力した。

四七年の国際連合建設委員会のポーランド代表のマシュウ・ノヴィツキはアメリカにとどまり、アルバート・マイヤーと共同のインドのチャンディガールの都市計画が、アメリカと英・仏連合チームの受注競争となり、ル・コルビュジエを中心とした側に敗れた。アメリカへの帰途の航空機事故で死去した。

四四年にマサチューセッツ工科大学（MIT）デザイン学部長となったウィリアム・ウィルソン・ワースターは、四六年アルヴァー・アールトを教授として招き、学生寮も設計させた。引き続きアメリカでの活動が要請されたが、対ソ戦争による祖国の復興に奉仕しようと帰国した。愛国者アールトはフィンランド国民に敬愛され、紙幣に肖像が載る栄誉を受けた。

ブラジリアは五七年に建設が決定し、主要な建築はオスカー・ニーマイヤーが担当した。遷都は六〇年に開始されたが六四年にクーデターによって軍事政権となると、ニーマイヤーはイスラエルへ亡命した。その後の設計活動は西側ヨーロッパでも行われ、パリの共産党本部なども手がけた。

金重業

I. M. ペイ

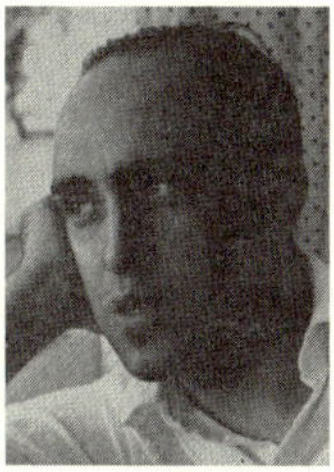

O. ニーマイヤー

シドニーのオペラ・ハウスの影の功労者である梁思成《リャンスーチョン》は、父が政治亡命していたので日本で生まれ、アメリカへ留学して建築家となった。日支事変の初期には日本軍に協力したが、関係を断って西方へ逃れ、戦後は国際連合建設委員会の中国代表となった。

中国の富裕な財閥の御曹司、貝聿銘《ベイユーミン》（米語表記はIeoh Ming Pei　イオ・ミン・ペイ）は、建築家を志向して三五年に一七歳でアメリカへ渡った。四〇年にMITを卒業して帰国しようとしたが、父親が日本との戦争を理由に制止した。四二年にハーバード大学大学院に入学し、四三年にはプリンストンの国土防衛研究所に志願して入り、日本の都市を破壊する技術開発の研究に参加した。終戦となって帰国を打診すると、父親は中国共産党が内戦で勝利しそうだという理由で再び制止した。アメリカに残ったペイが、その後世界的建築家になったのはいうまでもない。

ピョンヤン出身で横浜高等工業学校を卒業し、松田平田建築設計事務所に就職した金重《キムチュン》業《ウップ》は、日本の敗戦を予感して帰郷した。戦後、分断された南側で生活を始め、ル・コルビュジエのアトリエでの修業を経て事務所を開設したが、七二年の政変に巻き込まれて外国へ亡命した。帰国は八〇年、八八年に永眠した。没後は最高位の勲章を受けた。

万華鏡のような建築家たちの生涯を見てゆくと、思想と行動の点で際立った精神の自立が底流となっていることを痛感するのである。

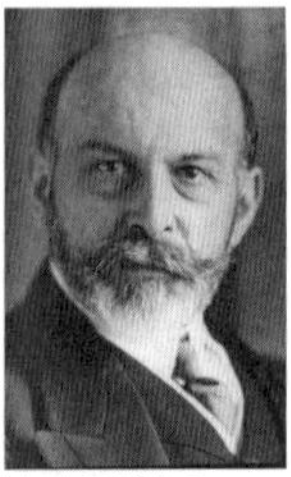
H. ムテジウス

# 近代デザインの黎明　ヘルマン・ムテジウスと日本の意外な関係

## 日本におけるムテジウスの建築作品

わが国の近代建築史の記述では、ヘルマン・ムテジウスがベルリンのエンデ&ベックマン事務所のスタッフとして、一八八七（明治一九）年に司法省の仕事のために来日し、のちに「ドイツ工作連盟」の主唱者として言及されているが、日本でいくつかの建築設計をしていた事実は、ほとんど記されていない。

「クッションから都市計画まで」と題して二〇〇二年～二〇〇三年に開かれた展覧会と図録では、「ドイツ福音協会」（千代田区四番町、一八八九年設計、関東大震災で被害を受け現存せず）、「新教神学校」（小石川上富坂、一八八九年設計、九〇年竣工、一九四五年米軍の空襲により消失、煉瓦壁の一部が残存）、「三条実美侯爵別邸」（麻布鳥居坂、一八八八年設計、妻木頼黄が原設計者の同意なしに改変し八九年竣工）などが伝えられていた。興味深い記録である。

## 「ドイツ工作連盟」の主唱者

ヨーロッパの近代芸術・デザイン運動で「ゼツェッション」、「ドイツ工作連盟」、「バウハウス」の果たした役割は大きい。世界的に波及した「バウハウス」だけが有名だが、その前の運動も重要である。

帰国後に政府の官庁職員となったムテジウスは、デザイン事情視察のためロンドン大使館に派遣されて、アーツ・アンド・クラフツ運動を目撃し、ドイツでも同様の運動の展開をも

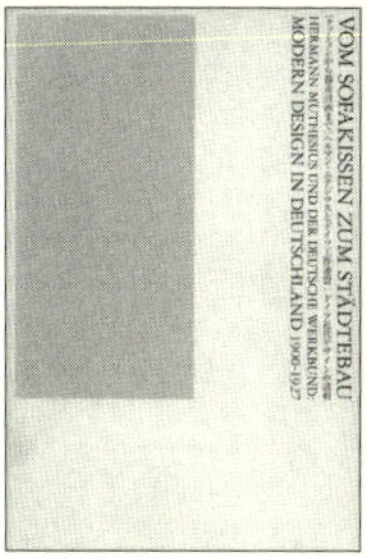

展覧会図録

ドイツ福音教会

くろみ、〇七年に「ドイツ工作連盟」を結成した。

展覧会はサブタイトルの「ドイツ近代デザインの諸相」や「クッションから都市計画まで」が示す内容の展示であった。作品だけでなく、著作者としても知られるムテジウスの原書や、その他のパンフレットやポスターなども並べられているのが目を引いた。

## デザイン運動の成果

二四年に「装飾のないフォルム」というテーマで「工作連盟」展が開かれ、それは二七年のヴァイセンホフ・ジードルンク「住宅展」へと展開した。

今回の展示は、ムテジウスの没年でもあるのでこの住宅展で終わっている。のちに「インターナショナル・スタイル」とアメリカで命名されたデザイン傾向は、ドイツ以外の招待された外国の建築家にも及んだ。

ル・コルビュジエは二棟も建てて「工作連盟」展に協力し、グロピウス、ミース・ファン・デア・ローエ（当時「工作連盟」の副会長）とともに、三人の師匠ベーレンスも参加した。

住宅展ということで家具も展示されているが、ミースのパイプ椅子とともにマルセル・ブロイヤーのパイプ椅子なども加えられている。オランダのマルト・スタムは世界最初の片持ちパイプ椅子を考案し、住宅展の自分の作品の室内に展示したのだが、その製品が今回展示されなかったのは残念である。

この注目すべき展覧会が日本で開かれ、二〇世紀デザインの源流を再認識できたことは有意義であり喜ばしい（なお貴重な資料の豊富な図録が安価で入手できたのはありがたい）。

D. ベーム

## 軽視されてきた宗教建築

ドミニクス・ベーム再考

近代建築史では宗教建築は中心的対象ではなく、ペレやバルトニンクの教会も、RC造と鋼鉄造の故に技術的路線の上で言及されてきたにすぎない。しかし、実際には意外にも多くの建築家がそれぞれに宗教建築を手がけていて、それらのデザインは多種多様であり、時代的に様式化されてはいない。生涯にわたって数多くの宗教建築に専念してきた建築家の存在も、再考すべきである。ドミニクス・ベームはそのひとりである。

六二年には、ホフ、ムック、トマの三名による *Dominikus Böhm*（ドミニクス・ベーム　生涯と作品）が刊行され、彼の全貌が明らかになった（かつて私が彼の作品を見回ったのは、それを参考書として利用できたからである）。

その後、ベームに言及したペーントとラムプニャーニはそれぞれの著作の中で、いずれもケルン近郊のフリーリンクスドルフ教会（二七年）の内部の図版を載せて、ゴシック様式との類似性を指摘した。

ベームの代表作としては、これよりも図版なしでヒッチコックが言及し、あまり良好でない図版を用いてホイティックが指摘したケルン近郊の聖エンゲルベルト教会（三二年）に注目したい。

この教会は、前例のほとんどない円形プランという画期的なもので、シェルターは八等分された区分の上部に放物面天井を架け、中心で交差させている。曲面の外壁上部にある小さな円窓からの採光は、仄暗く神秘的な雰囲気を醸し出している。驚くべきは、壁や構造リブ

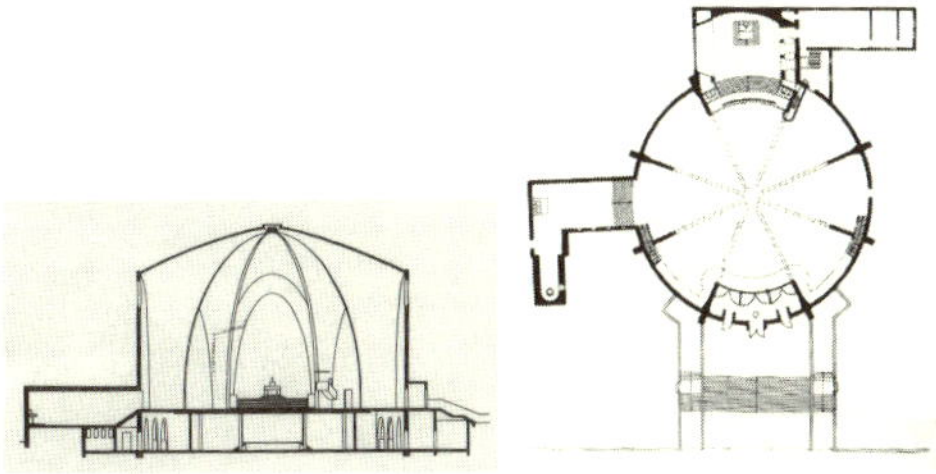
断面図と平面図

聖エンゲルベルト教会

の要素の断面の薄さである。全体の主構造は、鋼材で組み上げた骨組みに鉄鋼ラスを張り、それにモルタルを塗って構成されたものである。一種のRC構造であるが、型枠は不要なので、複雑な形態も比較的容易につくり出せるのであった。

わが国においては、一九一〇年代に三橋四郎によって導入されたが、広く普及しなかった。このような手法は、張りぼてとして一部で排除されてきたが、ベームの作品の独創性と形態の美しさの基本であり、その効果は格別である。

ドミニクス・ベームは一八八〇年、ドイツのバヴァリア地方のイエッティンガーで生まれ、シュトゥットガルト工科大学にてテオドール・フィッシャーに師事し、〇三年に二三歳でケルンに個人事務所を開設して設計活動を始め、五五年の死去まで続いた。

一時期は教職も兼任したが、生涯の大部分の作品はカトリック教会と関係したもので、いわば御用建築家の一人であった。初期は計画案が多く、実施された二〇年代には表現主義デザインと関連したが、装飾は消え、構造は新しい技術を採用して、三〇年代には前述の聖エンゲルベルト教会のような成果を上げた。戦後は大胆なステンドグラスのカーテンウォールを用いたデザインも採用した。

いずれにせよ、近代合理主義の底流によって軽視されてきた建築空間の精神性という側面は、かろうじて宗教建築によって保持されてきたのである。その再検討に当たって、ベームのような建築家の営為は、解明の鍵となるだろう。ちなみに、戦後のドイツの代表的な建築家のゴットフリート・ベーム（二〇年生まれ）は三男であり、五二年から父に協力して連名の作品発表もされている。

R. シュヴァルツ

## 教会建築のもうひとりの革新者

ルドルフ・シュヴァルツの場合

「ルドルフ・シュヴァルツは言葉の真の意味において偉大なバウマイスター（巨匠）であった」と記したのは、ミース・ファン・デア・ローエである。

シュヴァルツについて五〇年代以降にさまざまに論じたのは、アメリカの建築評論家のキッダー・スミスであり、私はその手引きで訪欧の時に作品を見て回った。途中で小冊子の*Rudolf Schwarz*（ルドルフ・シュヴァルツ—思索と建築）を入手し、冒頭にミースの文章が載っていて、それは前記の引用で始められていた。ミースが追悼文で、これほどの賛辞を表明しているのに強烈に惹きつけられた。

一八九七年生まれで、ドミニクス・ベームよりも一七歳年下である。一九年にベルリン工科大学を卒業し、さらにベルリン国立美術アカデミーでハンス・ペルツィヒに師事した。その後は各地の官庁や学校に勤務し、経歴の上で独立した建築家の活動は三四年から四〇年にかけてである。仕事は建築設計のほかに都市計画にまで及んでいる。晩年の華々しい設計の期間は、五三年から六一年の死まで、デュッセルドルフ国立美術アカデミーの都市計画の教授であった。

三〇年のアーヘンの聖フロンライヒナム教会は、教会建築の最初の作品である。その直方体の箱形のデザインは、J・J・P・アウトのロッテルダムのキーフホーク住宅団地内の教会（二九年）と同類のインターナショナル・スタイルとみなされよう。

先輩のベームと異なって、シュヴァルツは直方体の形態を断続的に採用した。晩年の五九

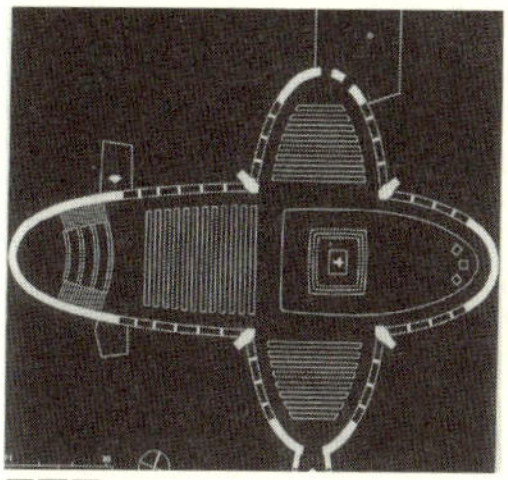

平面図

聖マリア・ケーニギン教会

年にはケルン近郊の聖クリストフォルス教会で、明らかにミースによるシカゴのＩＩＴ構内の教会（五二年）と類似した、細い軸組の構面に煉瓦を積んだ直方体のデザインを完成させた（ミースの追悼文は、自分のエピゴーネンだったからではないか、と勘ぐる向きもいよう）。

かつて「表徴的機能としての極性」と題して、私はシュヴァルツのプランニングの特徴について書いた。新しい教会建築のために彼が展開した平面構成が、伝統を超克した空間創造をめざしていたことを指摘した（『建築術三・平面で考える』彰国社、六七年刊に所収）。

シュヴァルツ独自のデザイン系列としては、単純なプランと外観のものが多く、聖ミカエル教会（五四年）、聖アンナ教会（五六年）、聖マリア・ケーニギン教会（ザールブリュッゲン、六一年）などが代表的な作品である。最後の聖マリア・ケーニギン教会は、伝統的な十字形プランの変形であり、交差した外壁を斜めに切断してガラスに置き換えて、建築造形だけでなく採光の点でも大胆なまったく新しい空間を創り出した。

九七年のケルンから始まった巡回展は大規模なもので、その図録は ***Rudolf Schwarz:1897-1961; Architekt einer anderen Moderne***（ルドルフ・シュヴァルツ―別種の近代の建築家）と題され、この建築家が別の系譜に属していたという見解を示した。これによって彼の全貌は広く知られ、その独創性が注目されるようになった。

しかし一方で、ミースからハンス・シャロウンまでの両極の間で模索したのではないかという印象は否めない。ともあれ、二〇世紀のドイツの建築家たちの営為は多様であり、その真相の解明は興味深い課題である。

E. マイ夫妻（撮影：今井兼次）

## 亡命建築家の数奇な奇跡

戦後に帰国したエルンスト・マイ

最近わが国では狭小住宅やワンルーム・マンションがマスメディアで取り上げられ、最小限住宅として宣伝されている。要因が経済条件であることは類似しているが、二〇年代のそれとは本質的に異なっている。

二九年のＣＩＡＭ（近代建築国際会議）の大会のテーマは「生活最小限住宅」であり、核家族の形成が建築家のめざす理念であった。中心となったのは開催地フランクフルト・アム・マインの建築局長のエルンスト・マイである。

彼は一八八六年フランクフルトに生まれ、ロンドンのユニバーシティ・カレッジとダルムシュタット工科大学に学び、一〇～一二年、ロンドンのレイモンド・アンウィンの事務所に勤務した。アンウィンはハワードの田園都市の実施設計者であり、マイもその共鳴者となった。さらにミュンヘン工科大学のテオドール・フィッシャーなどのもとで研究を続け、一三年に独立し、大戦が開始されると兵役についた。一九年からはブレスラウ市の要職につき、ハワード、アンウィン、ムテジウスなどの影響の濃い地方的デザインの住宅団地をつくった。

二五年にフランクフルト市に転じ、住宅部門の課長を経て局長になった。ワイマール体制下でマルクの安定と外資の導入により、大規模住宅建設を計画し、スタッフには外部からも建築家を招いて推進した（グロピウスの協力者として知られるアドルフ・マイヤーも参加した）。数多い住宅団地のなかには世界的に有名となったレーメルシュタット団地も含まれ、二九年には一万五〇〇〇戸以上となった。標準プランだけでなく、「フランクフルト厨房」（女性建築家の

レーメルシュタット団地とその航空写真

リホツキー設計）やプレハブ工法なども注目され、機関誌 *Das Neue Frankfurt*（新しいフランクフルト）によって広まった。前川國男と山田守が出席したＣＩＡＭの会議はそれらを誇示するイベントでもあった。

二九年の大恐慌により建設が滞ったころ、ソビエト連邦から、都市計画の仕事が要請され、社会主義体制下で自らの理論を実行しようと、都市計画家や建築家の同志を募ってモスクワへ赴いた（オランダのマルト・スタムも加わった）。

三四年まで各地の都市計画や大モスクワ計画などのマスタープランを作成し、仕事の区切りで解任されても、母国はナチス体制に変わっていて、帰国できず亡命者となった。

活路を東アフリカに求め、三七年まではタンガニーカ地域で農業に従事した。三七年にはようやくイギリス統治下のケニアのナイロビに移り、そこで建築と都市計画の事務所を開設し実務を進めた。しかし四二年には敵国居留者として強制収容所に拘束され四五年の終戦まで監禁された。釈放後のケニアでの設計活動は五四年まで続いた。

五四年に待望したドイツへ帰国し、経歴を見込まれてハンブルク市で都市計画や住宅開発の要職につき局長にまでなり、盛んな活動を展開した。六〇年以降七〇年の死去までは個人的な業務であった。その間、ダルムシュタット工科大学教授やベルリン芸術アカデミー会員にもなった。

イギリスとドイツの双方の都市計画やハウジングの理論と方法に通じていた、マイの業績の全貌の解明と評価は未だしである。なお『近代建築の目撃者』（新建築社、七七年）の中の今井兼次のマイをめぐる回想や前川國男の見学会の感想は貴重な証言である。

A. シャロンのバウハウスの学生証

## バウハウス再考の機運

いまだ少なくない研究課題

イスラエルのテルアビブの都心地域が、二〇〇四年に世界遺産に登録され、わが国の雑誌やTVでも「ホワイト・シティ」や「白亜の街」として紹介されている。

詩人のナタン・アルターマンの命名による「ホワイト・シティ」の建築群は三〇年代に出現した。八四年に現地の美術館に続いてニューヨークのユダヤ美術館でも展示されて広く注目された。二〇〇八年から二〇〇九年にかけて日本各地を巡回した「バウハウス・デッサウ展」の図録では、インターナショナル・スタイルの別名として「バウハウス・スタイル」も用いられている。関与した建築家の中には、一九人ものバウハウス出身者がいて、中心はアリエ・シャロンであった。世界中でバウハウスの影響が最も大きな成果をあげた都市である。

第一次大戦後の一九年にヴァイマールで創設され、デッサウを経て、三三年にベルリンで閉鎖されたバウハウスは、モダン・デザインの原点のようにみなされているが、建築の新しいデザインが成立したのは、二五年のデッサウの新校舎以後であった。

「バウハウス・デッサウ展」は、東京を含めて四都市で巡回展示された。一三年前のセゾン美術館の展示がヴァイマール、デッサウ、ベルリン、さらにシカゴなどの拡大動向を対象にしたのに比べて、デッサウをタイトルにして焦点を絞っている。

バウハウスは、ヴァイマールとデッサウでデザインが大きく異なり、表現主義的傾向から幾何学的抽象造形へ変化した。今回の展示は、「バウハウス・スタイル」の確立を明らかにしようとしている。

インターナショナルスタイルの建築で埋めつくされたテル・アヴィブの中心部

前史として、ゼンパーから、ヴァン・ド・ヴェルドまでの造形思想の系譜が示されている。前身のヴァイマールの美術・工芸学校は、〇二年に校長に就任したヴァン・ド・ヴェルドが自ら設計した新校舎を〇六年に建てた。一〇年に訪問した若き日のル・コルビュジエは校長には会えなかったが、そこでの教育内容については記している。しかし、建物のデザインについてはまったく言及していない（『ル・コルビュジエの手帖　ドイツ紀行』拙訳、同朋舎出版、九五年）。

展示会の図録に外観写真と同じアングルの絵葉書の壁面に、いくつも「DE STYL」と落書きした資料が載っている。これはテオ・ファン・ドゥースブルフが二一年に友人に送ったもので、バウハウスがオランダのデ・ステイルに影響されたことを示すものである。

ヴァイマール時代に建築教育がなされていなかったことは、カリキュラム以外に明示されていない。グロピウスの作品は学外の事務所の仕事であった。バウハウス内部での建築作品は教官たちによる「実験住宅」だけである。校長たちのハンネス・マイヤーやミースの作品もバウハウスとの関係は明示されていない。研究課題はまだ少なくない。

日本では、建築史家や評論家がバウハウス出身者を誤記しているのが気になる。

藤森照信は山越邦彦をバウハウス出身としている（論文「ル・コルビュジエと丹下健三」、『ル・コルビュジエと日本』鹿島出版会、九九年刊に所収）。八束はじめも上野伊三郎を同様に記している（『思想としての日本近代建築』岩波書店、二〇〇五年）。前著のフランス語版（二〇〇七年）では、間違った人名がローマ表記になっている。わが国のバウハウス認識の実情の一端である。

さらに『メタボリズム・ネクサス』（オーム社、二〇一一年）では、濱口隆一の『ヒューマニズムの建築』を『民主主義の建築』と誤記して、三刷で訂正すると伝えてきた。

T. v. ドゥースブルフ

## 抽象的造形デザインの展開

テオ・ファン・ドゥースブルフとデ・ステイル

二〇世紀の造形芸術の革新運動のなかで、もっとも前衛的な傾向のひとつはオランダの「デ・ステイル」グループである。絵画、彫刻、建築、家具、工芸などの分野にわたる二五〇点もの貴重な作品を展示した大規模な展覧会が九七～八年にセゾン美術館で開かれた。

「デ・ステイル」とは、スタイルまたは様式のことで、一九一七年から三一年まで刊行された機関誌にちなんでつけられたものである。この芸術運動の内容を示すものとしては、むしろ中心人物で指導的な役割を果たしたドゥースブルフの主張した「新造形主義」の方が適切であろう。このグループの各分野を通じて追求した抽象的形態表現は、造形至上主義とみなされるからである。主として直線と平面の幾何学的構成による造形は、大胆で新鮮な感覚が満ち溢れる魅力的なものであった。

しかし、その手法はヴァリエーションの展開において限界があり、作品は類似したパターンを繰り返す、変化に乏しいものとならざるをえなかった。それは形態ばかりでなく、色彩においても赤、青、黄の三原色と白と黒の無彩色という基本色のみの組み合わせは、強烈な効果を発揮したが造形表現の研究試作といった印象の濃いものであった。

「デ・ステイル」の作品は、主として空間の造形的構成をめざしていたので、素材の合理的構成は全く考慮に入れなかったのであろう。

そのような傾向と造形の統一性は、中心的存在だったドゥースブルフの方針であり、彼は少し前のキュビスムや未来主義やアドルフ・ロースの装飾否定などの主張を巧妙に摂取し、

赤と青の椅子：リートフェルト

シュレーダー邸

なおかつソビエト構成主義やバウハウスなどと国際交流して「デ・ステイル」内部の充実をめざすとともに、外国への新しい造形の発信源としての役割を果たした。バウハウス叢書のなかには、ドゥースブルフ、モンドリアン、アウトの三名の著作が含まれた。

「デ・ステイル」を代表するのは絵画のモンドリアンと建築・家具のリートフェルトである。リートフェルトの赤と青の椅子およびシュレーダー邸は二〇世紀デザインの至宝である。この椅子のヴァリエーションの展示はその成立過程を教えてくれるし、シュレーダー邸の映像では、内部空間の構成要素の動く仕組みがよく説明されている。

建築の分野では、アウトが市役所勤務でありながら現場事務所やカフェ「デ・ユニ」などの注目すべきデザインを達成したのは「デ・ステイル」に属していたからであり、脱退後のハウジングもOBの作品として展示されている。

また後にCIAM（近代建築国際会議）の会長となるエーステレンの初期の計画案も興味深い。ドゥースブルフとの共作の建築造形のモデルは有名であるが、ショッピング・アーケードのようなコンペ案は珍しい。

この「デ・ステイル」展を見た後で思い出したのは、オランダが第一次大戦で中立を保って繁栄していたことと、同じ時期に異なった建築運動（アムステルダム派）があったことなどである。なお図録は、惜しいことにカラー図版の印刷が鮮明度の点で良好ではないが、重要な資料の数多い収録は貴重である。

## 二本脚のパイプ椅子　その創案者をめぐって

二本脚の椅子─自立するだけではなく、腰掛ける人間を前の二本脚だけで支える椅子の出現は、家具デザインの革命であった。

二〇〇二年はマルセル・ブロイヤーの生誕一〇〇年ということで、それにちなんで家具の作品集が刊行され、日本でも記念家具展が開催された。ブロイヤーの椅子デザインは、二〇年代初期のリートフェルトの「赤と青の椅子」の影響から出発している。自転車のハンドルをヒントにした安楽椅子「ワシリー」は二五年の作である。細いスチール・パイプという弾力性のある素材に、多くのデザイナーや建築家が注目し、新しいデザインを試みる動向が広まった。

バウハウスのあるデッサウ市には、航空機メーカーで世界的に有名なユンカース社の工場があった。山脇巖の教示によれば、パイプ椅子の曲げ加工の技術などは、そこの協力によるものであった。こうした背景があって、ブロイヤーは次々とスチール・パイプを用いた新しいデザインの椅子やテーブルを考案した。二八年には前脚が二本のスチール・パイプの弾力性を最大限に活用した、重力に抵抗するようなデザインの画期的な椅子を発表した。これはメディアによって世界中に伝えられ、注目されて絶賛され、バウハウスの工業デザインの象徴ともみなされた。

椅子におけるコンセプションの革命であり、見事な造形でもあったからである。二九年には、曲げ木椅子のメーカーとして著名なトーネット社から製造・販売されることになった。

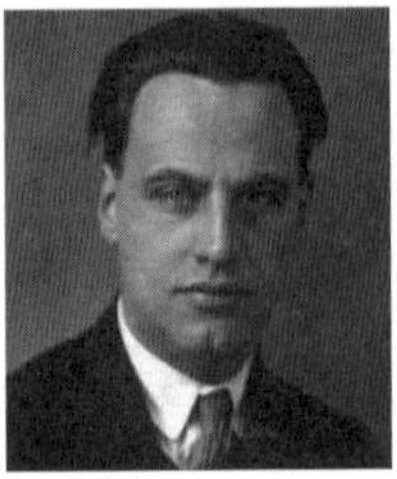
M. スタム

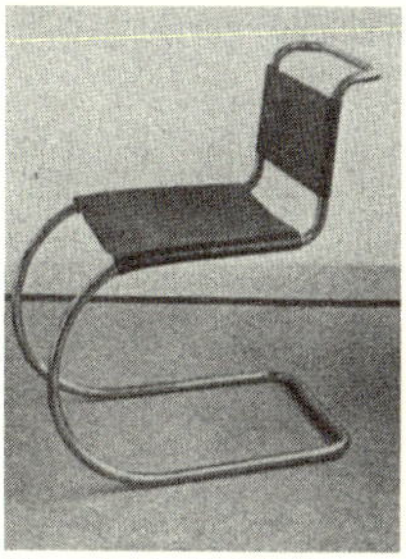
M. v. d. ローエの椅子

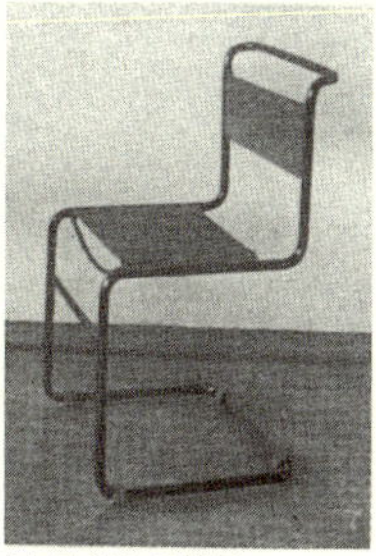
M. スタムの椅子

M. ブロイヤーの椅子

これを知ったオランダの建築家のマルト・スタムは、特許権侵害でブロイヤーを告訴した。二本脚の片持パイプ椅子を最初に考案したのはスタム自身であるという理由からである。彼は、二七年のシュトゥットガルトのヴァイセンホフ・ジードルンクの住宅展に参加し、三層三戸連続住宅を建て、その中に二本脚のスチール・パイプの椅子の試作品を展示したのである。着想は前年の二六年だったらしい。

明らかにスタムはブロイヤーよりも早く、新しい椅子のコンセプションを達成していたのであった。ブロイヤーは敗訴した。それ以後、スチール・パイプの家具は手がけなかった。

ブロイヤー贔屓《ひいき》の評論家や解説者は、スタムの椅子はガス管を溶接して継ぎ合わせたもの、と技術的な劣性を強調している。それは試作品のことであって、二一世紀の製品は、見事に洗練された曲げ加工になっている。

六六年のアムステルダム市立美術館で開かれた大規模な世界の椅子の展覧会では、スタムとブロイヤーの椅子を特別に並べて陳列し、自国の建築家の創案を誇示していたのを思い出す。

同じコンセプションであるが前脚を半円形に湾曲させた椅子をミースが二七年に発表した。彼はヴァイセンホフ・ジードルンクの統括者だったので、スタムのスケッチを見ていたことが知られている。

以上のような事実にもかかわらず、このタイプの椅子をブロイヤーの創案と誤解している人が現在でもかなり多いのである。

（附記：これら三人の建築家の椅子は、国内の輸入家具店で陳列、販売されている）

K. モーザー

## 近代建築、陰の功労者

カール・モーザーの功績について

ＣＩＡＭ（近代建築国際会議）は、ジュネーヴに住むエレーヌ・ド・マンドロ夫人という富裕な芸術愛好家が、自分の所有するラ・サラの城館を提供して二八年から始められ、新しい建築を志向する建築家の二〇世紀における唯一の国際的運動の組織であった。相談を受けたル・コルビュジエは、チューリヒの連邦工科大学の二人の教授、建築家のカール・モーザーと美術史家のジーグフリート・ギーディオンを推薦して参加させた。発足後にモーザーは会長に、ギーディオンは書記長に選出された。

ＣＩＡＭの活動は、三三年の都市計画の指針の「アテネ憲章」が最大の成果である。五一年の第八回会議の「都市の核」のテーマに合わせて「広島計画」を提出した丹下健三は国際舞台に登場した。五六年の第一〇回会議において新旧の世代の対立が因で解散し、「チーム・テン」のグループが新しい体制で継続させようとしたが成功しなかった。

モーザーは、すでにＣＩＡＭに参加する以前の二七年の国際連盟の設計競技において、ル・コルビュジエの案を第一位に選んでいた（ちなみに第二位はハンネス・マイヤーの案だった）。この設計競技は、ベルギーのヴィクトール・オルタを審査委員長とし、オランダのベルラーヘ、オーストリアのヨゼフ・ホフマン、そしてスイスのカール・モーザーなどを含む全部で九人の審査員だったが、最終審査までそれぞれの推す案が分かれ、第一位が九案という異常な結果となったことで有名である。

またモーザーは、二〇年代末にパリの大学都市に建つ留学生のためのスイス館の設計者と

聖アントニウス教会の外観と内部

して、ル・コルビュジエを推薦した。かつてのクライアントの銀行家のラ・ロッシュやギーディオンも同調者だった。モーザーは、ル・コルビュジエの三〇年代の代表作品の実現の陰の功労者だった。

カール・モーザーは一八六六年にスイスのバーデンで生まれ、チューリヒの連邦工科大学を卒業後、パリのエコール・デ・ボーザール（国立美術学校）に学んでいる。一八八七年から一九一五年にかけてドイツのカールスルーエで建築家として活動し、一五年から二八年にかけて母校の教授として多くの学生を育成した。教え子の中には、アメリカのインターナショナル・スタイルを成立させたウィリアム・レスケーズ、ル・コルビュジエのアトリエへ入門したアルフレッド・ロートやアルベール・フライ、そしてル・コルビュジエの最初の作品集を二九年に編集したオスカー・ストノロフなどがいた。

モーザーの建築デザインは、初期は歴史的様式の古典主義の傾向が強く、一三年のバーゼル鉄道駅が代表であるが、母校の教授となってからは新しいデザインへ転向し、二六年のバーゼルの聖アントニウス教会をRC打ち放しで完成させ、教会建築の新しいデザインとして広く注目された。オーギュスト・ペレ、ドミニクス・ベーム、オットー・バルトニンク、ルドルフ・シュヴァルツなどとともに、二〇世紀の教会建築の新生面の開拓者として高く評価されている。三六年にチューリヒで死去。

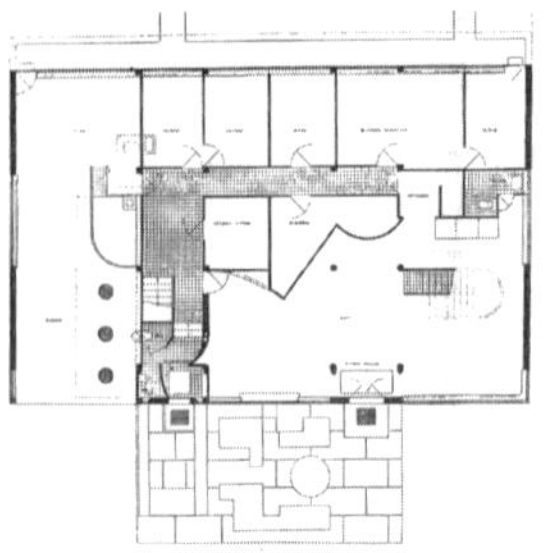

シュタイン邸（ル・コルビュジエ）

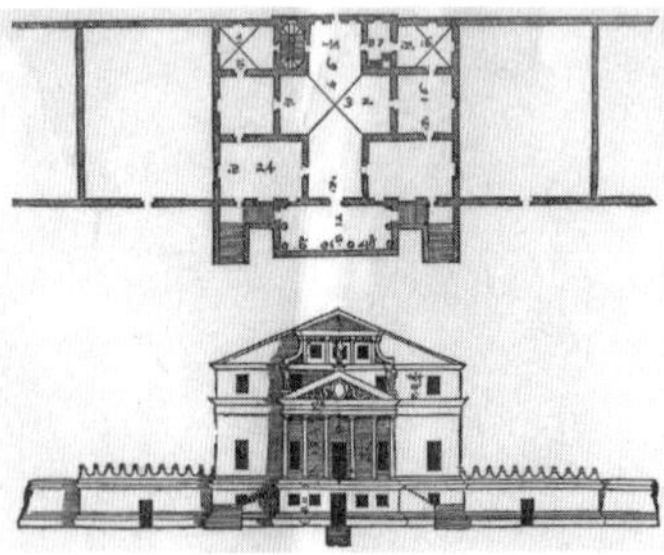

フォスカリ邸（パッラーディオ）

## ル・コルビュジエが参考にした書物

### パッラーディオからの影響も明らかに

ル・コルビュジエの「蔵書リスト」の公表は、建築家の蔵書の公表ではミースの事例に次ぐものである。

総数が表記されていないので数えると、一五一三件ほどに及ぶ。組物があるので実冊数はさらに上回る。おそらく読書量はもっと多かったに違いないが、度重なる移転によって紛失したり整理や処分したものは記載されていない。没後に残されたのは、座右の書として特に自己形成の記念や養分の重要な遺品と考えられる。古今の建築家についての資料が数多いのは当然であり、その中で自己の創作活動と関連のあるものも少なくない。

イギリスの評論家のコーリン・ロウが四七年の論文で、ル・コルビュジエの「ガルシェの家」とも呼ばれるシュタイン邸（二七年）とパッラーディオのフォスカリ邸を比較して、平面や立面だけでなく、寸法でもかなり類似していると指摘した。それ以後巨匠のパッラーディオ研究の真相が追求され、ようやく九六年に刊行された『ル・コルビュジエの画帳　ラ・ロッシュのアルバム』の中で、二二年に描いたパッラーディオの作品のスケッチが発見された。

「蔵書リスト」を調べると、G. K. Loukomski, *L'Oeuvre d'Andrea Palladio: Les Villas des doges de Venise*, Morance, Paris（G・K・ルーコムスキ『アンドレア・パッラーディオの作品：ヴェネツィア共和国の邸宅』パリ　モランセ社）という書物の記載が見つかった。刊行年が欠けているので、他の資料を検索すると二六年に二巻本で出版されたことが判明した。これを入手して参考に活用した成果がシュタイン邸だったことは間違いなかろう。

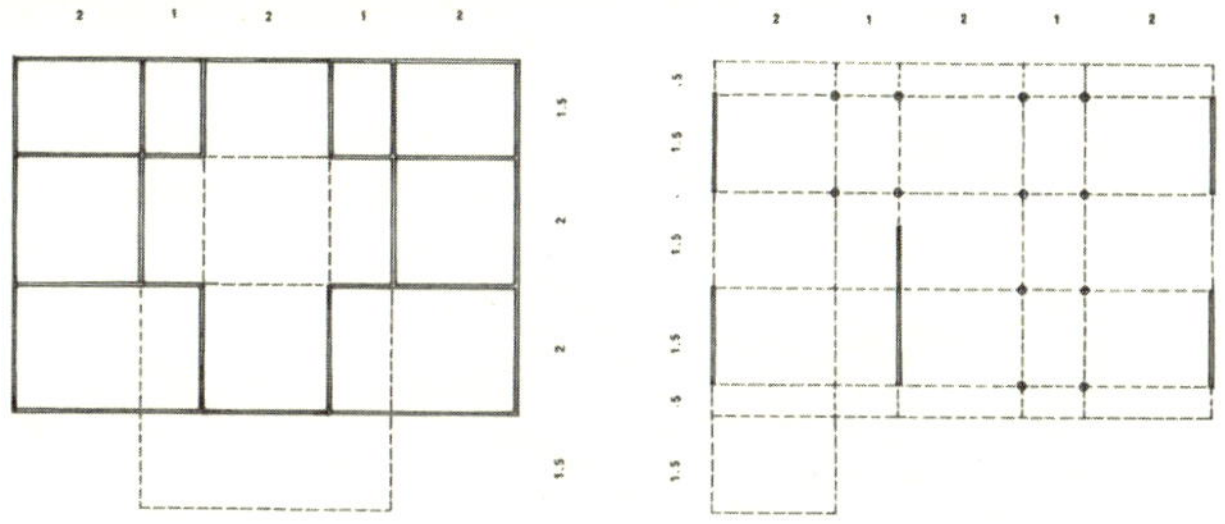

コーリン・ロウによる分析図

一〇年代の初期の住宅作品にF・L・ライトの影響が見いだされるという説がある。ライトの著作は全く記載されてなく、評論家のヒッチコックが訪問時に贈呈した*Frank Lloyd Wright*（二八年）という写真の多い小冊子だけが載っている。

ル・コルビュジエ自身の著作の日本語版は六五年に亡くなるまでに一〇件ほどであるが、リストでは『闡明』（古川達雄訳、四二年）だけが記されて、他はまったく見当たらない。

日本の古建築の本を訪問者や弟子が贈呈したと伝えられているが、記載は前川國男よりの本以外にわずかしかない。記載に疑問があるのは今井兼次の著作である。三件の中で贈呈の注記のある『建築とヒューマニティ』（五四年）の他の二件は二八年と三〇年と記されているが、該当する本はなく、論文掲載の雑誌の表記の間違いと推測される。ル・コルビュジエ財団で実物と照合する必要があるだろう。

グロピウスが贈ったと注記されている*Album of Japanese Culture I : Archaic Period*（五三年）という写真集は、別掲に同名のものがあり、SAKAMOTO Manshichi の著者名と出版社名がローマ字で表記されている。検索すると題名の「Culture」（文化）は「Sculpture」（彫刻）の誤記と判明した。贈られたのは英文版であるから校正ミスであろう（原本は坂本万七『日本の彫刻I：上古時代』美術出版社、五一年刊である）。

この「蔵書リスト」はル・コルビュジエ学にとって貴重な新資料であるばかりでなく、その内容の分類と共に校正も重要な課題である。

（追記）「蔵書リスト」はスペインで二〇〇五年に開催された展覧会カタログ*Le Corbusier et le livre*（ル・コルビュジエと本）に収録されたものである。

ペリアンによる竹製の長椅子



## ル・コルビュジエ石材使用のいきさつなど

注目すべきペリアンの証言

ル・コルビュジエには二人の女性の協力者がいた。シャルロット・ペリアンとジェーン・ウエストである。

ペリアンについて教えられたのは、五五年に大学院に入って池辺陽からである。彼は坂倉準三のもとで、ル・コルビュジエの他にジャン・プルーヴェやペリアンについても学んだ。池辺邸には、「シェーズ・ロング」と呼ばれる有名な寝椅子の類似品があった。ペリアンが戦前に坂倉の推薦で商工省の工芸指導顧問として来日した時の竹を用いた試作品である。同じ五五年には日本橋の高島屋で「ル・コルビュジエ、レジエ、ペリアン三人展」が開かれ見学した。九六歳で亡くなる前年の九八年、日本でペリアン展が開かれ、*UNE VIE DE CREATION*（創造の生涯）という本も出版された。日本語版の『シャルロット・ペリアン自伝』（北代美和子訳、みすず書房、〇九年）を読んでみた。

予想通り二〇世紀の建築とデザイン界のさまざまな証言が満載で、「ル・コルビュジエ学」の新しい資料としても貴重である。全体にわたる彼女の波乱に富んだ生涯は劇的であり、物語としても注目される。ペリアンはル・コルビュジエのアトリエに入る前に結婚していて、二七年のサロン・ドートンヌ展に出品したデザイナーであり、他の若者たちと異なって、修業ではなく協力者として加わったのである。したがって、住宅作品のインテリアの装備を任され、家具デザインも師とピエール・ジャンヌレと三人の共同開発であった。

六章構成の中の「II　ル・コルビュジエ、開拓の時代」は、二〇年末からほぼ一〇年間の

『シャルロット・ペリアン自伝』

師とアトリエの活動について述べられている。

モスクワのセントロソユースの工事現場を訪れた時、指定された資材はほとんどが「国家防衛に優先的に使用される」もので「唯一の例外はコーカサス産の美しい薔薇色の石」だったと記している。前川國男も帰国途中に現場を見ていて「コルビュジエがその石を気に入ってあれに決めたのだと思いますが、大して値段の高いものではなかったです」と語ったことがある（『近代建築の目撃者』）。

ル・コルビュジエが意外に早くから「石」を使用していたことは重要な問題である（前川も旧紀伊國屋書店で大谷石を使用した）。自然石を使用した一連の作品は有名であるが、切石の石材を外装に貼った作品については、これまで論じられたことはない。「石」を否定し排除した二〇世紀の前衛的建築の流れの中で、ル・コルビュジエの場合は例外だったのか、解明すべき課題である。

他の証言のいくつかに触れよう。

まずＣＩＡＭ（近代建築国際会議）のアテネまでの船上の第四回大会の見聞と成果の「アテネ憲章」の執筆者の真相。マルセイユの「ユニテ・ダビタシオン」の室内装備のペリアンの担当。チャンディガールの設計体制。アンドレ・リュルサのモスクワでの行動。ポール・ネルソンのサン・ローの病院と彼との交流。師の通夜を共に過ごしたブラジリアの設計者のルシオ・コスタとの友情。さらに重要なエピソードが豊富である。

ともあれ、日本と関係の深い、女性の建築家、インテリアデザイナーのパイオニアの自伝は長く読み継がれるだろう。

G. テラーニ

## 困難なファシズム期の建築家評価　ジュゼッペ・テラーニの場合

二〇世紀の代表的なイタリアの建築家、ジュゼッペ・テラーニは〇四年生まれ、二六年にミラノ工科大学を卒業し、三九年に軍隊に召集され、四三年に戦病者として帰郷した後に三九歳で亡くなった。自殺説もあるが死因は不明である。ムッソリーニが失脚する六日前だった。

建築家としての活動期間は一二年間ほどだが、その間、合理主義の建築運動の推進者となりファシズム政権と深い関係を保ち、カサ・デル・ファッショやサンテリーア幼稚園など、今世紀のイタリアの代表的な作品を実現させた。これらは当時広く注目されて高く評価された。

土浦亀城は、強羅ホテルではカサ・デル・ファッショが念頭にあったと語っていたし、大江宏も、三木ビルでは若い時に知ったこの作品のデザインを意識したと話したほどである。

かつてテラーニについて書いたころ、調べていくとイタリアではその再評価が複雑で尋常ではなかった。理由は、テラーニが生前にファシスト政権と深い関係があり、御用建築家とみなされていたからである。外国へ亡命した建築家や評論家は、テラーニを批判したり評価を棚上げしていた。

二〇世紀における建築家と政治の関係はイタリアだけでなくドイツやソヴィエトなどでも論議されている。イタリアでテラーニ評価の解禁が始まるのは、ようやく七六年にヴェネツィア・ビエンナーレで「ファシズム期のイタリアにおける合理主義と建築」展が開かれてから

カサ・デル・ファッショ

である。

その後、テラーニの本格的な研究成果が次々と発表されるようになった。「ファシズムを超えた建築」とサブタイトルがつけられたテラーニの作品展が水戸芸術館で開かれた（九八年）。

この日本の展示は、九六年ミラノ・トリエンナーレのテラーニ展をもとにした、その国際巡回展である。オリジナルな図面、スケッチ、絵画、模型、手紙など三〇〇点に及ぶ資料に加えて、日本では特別に撮られた写真や、実現しなかった計画案のCGアニメーションも展示された。

以前にテラーニについて書いた時は、実現した作品だけで、計画案や競技設計の応募案などはほとんど知らなかった。したがってこの大規模な充実した展覧会を見て、テラーニというのはこれまで考えていた以上にすぐれた建築家で、しかも重要な存在であることを痛感させられた。最近のテラーニの再評価の数多い論文の中に、そのような新しい資料を対象にしたものが含まれているのはうなずける。

しかし、このテラーニ展のために訪日して記念トークをしたエリザベッタ・テラーニ女史が、最初のノヴォコムン（二八年）から最後のジュリアーニ・フリジューリオ（四〇年）というコモの二棟の集合住宅を中心にして、テラーニ研究では実作の検討が最も重要課題であると力説していたのは興味深い。この展示で最初の部屋にこれらの二つの作品が並べられているのは、その主張を示すものであろう。

J. L. セルト

L. ラカサ

## パリ万博スペイン館の設計者

政治に翻弄されたルイス・ラカサ

ピカソの「ゲルニカ」が最初に展示されたのは三七年のパリ万国博のスペイン館であった。建築史でこの万国博に言及することは少なく、取り上げてもドイツ館（シュペア設計）と、ソビエト館（ヨーファン原案）が相対して建てられた意義に主眼をおく。日本では、日本館（坂倉準三設計）がグランプリを獲得したので特記される。同じ賞を得たフィンランド館（アールト設計）やスペイン館のことはあまり記されない。後者に触れる場合、ほとんどが設計者をJ・L・セルトとしている。

三七年の *L'Architecture d'Aujourd'hui*（今日の建築）誌では建築家が、Luis Lacasa et J. L. Sert（ルイス・ラカサとJ・L・セルト）と表記され、「ピカソの大壁画」の図版もある。

六〇年代末にカルロス・フロレス著の『現代スペイン建築』（六一年）の中でラカサの他の作品も知り、八六年刊のマンフレッド・タフーリとフランチェスコ・ダル・コの共著の英語版（原著は七六年刊）の『近代建築（二）』の中に、スペイン館がラカサとセルトの共同設計と明記されているのを見つけた。

日本語版の『近代建築（二）』（片木篤訳 本の友社、二〇〇三年）を一読して驚いた。ラカサがルカサになっている。

ルイス・ラカサは一八九九年スペイン北部海岸のリバデセラに生まれ、父は技師であった。建築教育はバルセロナとマドリードで受け、一九二一年に終えた。同年にRC造の研究にドイツへ行き、ドレスデンで職を得て建築と都市計画に転じバウハウス、イギリス、フランス

パリ万博スペイン館

パリ万博スペイン館に飾られたピカソのゲルニカ

を訪れて学習を続けて二三年に帰国した。

ラカサは設計活動、論文執筆、雑誌の創刊など多彩な活躍を展開し、トロハとの共同設計、いくつかの設計競技の一位入選、大学都市の学生寮（三五年）と、注目される建築家となった。三七年のパリ万国博の共和国政府出展のスペイン館を四歳下のセルトとともに完成させ、ピカソ、カルダー、レジエ、ジャコメッティ、ミロなどの芸術家と知己になった。

三八年フランコ政権によって徴兵され、三九年にフランス国境に送られた。身の危険を察知して脱出を試みてフランスへ逃れ、フランスの建築家の助力で、ソビエトへ亡命した。

四〇年から建築アカデミーで設計や情報分析の仕事をし、四一年から四三年までドイツ軍の侵攻のためにウラル地方へ避難した。五四年から、中国へ行き、出版関係のスペイン語部門で仕事をした。六〇年にスペイン当局からパスポートが認可されて帰国したが、一ヵ月で国籍放棄を強制されてモスクワへ戻った。科学アカデミーの美術史部門では西側諸国の現代建築の状況についてさまざまな論文を執筆した。

『国際建築』五四年六月、七月号に連載された「資本主義諸国の現代批判」（川上玄訳）はその一環であるが、執筆者の紹介はなかった。その他にスペイン語で発表された「われわれの混沌とした建築の言語」（六五年）が注目され、いずれもプラッツ、ギーディオン、ゼヴィ、ヒッチコックなどの著作を参考にしていた。主張の方針の基調は、当時のソビエトの支配的なイデオロギーの路線に沿っていた。

六六年三月三〇日モスクワで死去した。

## 「アテネ憲章」のもうひとつの解説書

丹下健三からの教唆

CIAM（近代建築国際会議）の第四回大会は三三年にマルセイユからアテネを往復する船上で開かれ、成果は「アテネ憲章」と命名された。しかし刊行は一〇年後の四三年であり、戦時中なので匿名であった。その日本語版の推移については、かつて『ル・コルビュジエ断章』（八一年）に書いた。その時に、日本における受容の問題の一部を故意に伏せた。親しい先輩の建築家を中傷しかねないと懸念したからである。受容史の側面のエピソードであり、当事者が故人なので明らかにしておこう。

『国際建築』誌五一年九月号のCIAMの歴史の記事では、三三年の大会の議題は「機能的都市」となっており、「アテネ憲章」にはまったく言及がなかった。

五三年一一月に『ル・コルビュジエ作品集』（スタモ・パパダキ編、生田勉訳、美術出版社）が刊行され、巻末の著書目録の La Charte d'Athenes が「アテネの地図」と併記された。これは Charte（憲章）を Carte（地図）と読み違えた誤記であった。ル・コルビュジエ通として知られた訳者の生田勉は、巨匠の著作に『アテネ憲章』があるのを知らなかったらしい。しかも一カ月前の五三年一〇月に、『住宅研究』第三号が全ページを吉阪隆正訳の「アテネ憲章」に当てて出版されていたのに気づかなかったようだ。原書が入手困難で手写した匿名の版にもとづいたので、吉阪はル・コルビュジエ著とは記さなかった。生田が見ていたら類似の標題から推測して誤訳は避けられたであろう。

東大大学院の五五年の都市計画の講義は丹下健三助教授であり、初日に陽画のブループリ

*CAN OUR CITIES SURVIVE?*

ントがテクストとして配布された。その標題が「都市計画憲章、第四回CIAM大会、アテネ、一九三三」と読めたので、直ちに異版であると思った。丹下はCIAMの説明をした上で、都市計画の諸問題が提起されていて教材にふさわしいと語った。五一年の第八回大会で「広島計画」が注目され、CIAMの正式会員になっていただけに講義内容に期待した。しかし設計活動が多忙で次回から休講が続いて終わった。

講義の後でテクストの出典をたずねると、横長の大きな本を取りだして見せてくれた。題名は *CAN OUR CITIES SURVIVE?*（私たちの都市は生き残れるか）となっていて、著者はJ・L・セルトだった。カヴァーはモンタージュ写真による大胆なデザインで、ハーバート・バイヤーによるものと教えられた。

この本は第四回大会の内容の解説書で、会員の総意でセルトが担当した成果である。三七年のパリ万国博のピカソの「ゲルニカ」を展示したスペイン館の設計や内戦などで難航し、アメリカへ亡命してからようやくハーヴァード大学出版部で刊行された。学部長のハドナットが前書きを、CIAMの書記長のギーディオンが序論を寄稿し、初版は四二年だった。見せてもらったのは四四年の第二版で、配布されたテクストは巻末の四ページの全文のコピーであった。セルトは都市の存続の危機を強調し、図版を多用して展開している。いわば当今のサステナブルの見解の先駆ともみなされよう。

「アテネ憲章」の解説書は、条文と解説を組み合わせたル・コルビュジエの本（これは七カ国に訳されている）と、条文を附録扱いにしたセルトの本がある。後者はCIAMの文書だが最近ではほとんど忘れられている。残念である。

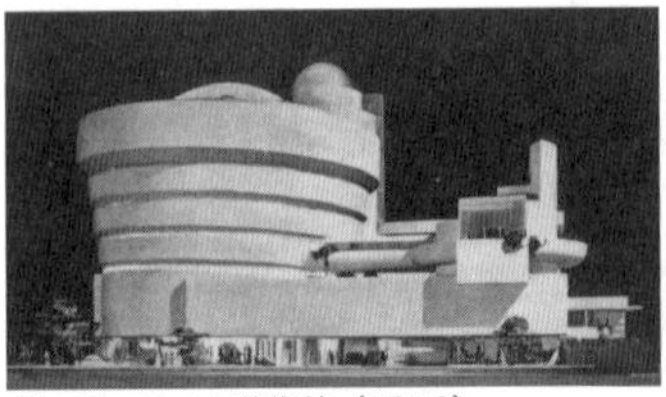

グッゲンハイム美術館（1946）

コマロワのコミンテルン館（1928）

## グッゲンハイム美術館のデザインのルーツ

建築家サルトリスの炯眼

ニューヨークのグッゲンハイム美術館は、フランク・ロイド・ライトの全作品の中でどれよりも特異であるばかりでなく、二〇世紀のすべての建築の中で空間造形として最も際だっている。

ライトの構想は四三年の夜景の透視図でほぼ確定し、建築雑誌の発表は『フォーラム』誌の四六年一月号の模型写真であった。着工は一〇年後の五六年、竣工は五九年一〇月、設計者はこの年の四月九日に死去し、完成した姿を生前に見ることはできなかった。

世界中の建築ジャーナリズムはこぞってこの歴史上ユニークな作品を取り上げた。言及も多面的にさまざまな観点からの論評となって現れた。筆者もピーター・ブレイクの論文を訳出した（『国際建築』誌六〇年三月号）。多くの関連記事ではいずれも賞賛の言葉が連なり、ライトの天才的独創性の評価のオンパレードであった。

そのころ私は、イタリア未来派の建築家アントニオ・サンテリーアについての研究を始め、文献の中にその評伝があり、著者はアルベルト・サルトリスとなっていた。この本は入手困難だったので彼の別の著作を購入し、その中に *Encyclopédie de l'architecture nouvelle*（新建築事典）の三巻本があった。五四年刊の第三巻 *Ordre et climat américains*（アメリカの様式と風土）の中で、着工前のグッゲンハイム美術館が論じられていて、そのデザインのルーツとして、ロシアのコマロワの「コミンテルン館」の二八年のプロジェクトの透視図が、ライトの作品の模型写真と同じページの上下に重ねて載っているのを見つけた。

*modern architecture* の表紙

A. サルトリス

それは大きな衝撃であり、ライトの創作にはやはりネタがあったのか、という思いは強烈であった。ライトがコマロワの造形にアプローチしたことは否定できない、と記したサルトリスの炯眼《けいがん》には驚かされてしまった。

サルトリス（一九〇一～九八年）はジュネーヴのエコール・デ・ボーザールの出身で、二〇年代後半から作品を発表してきた。新しいデザインをめざして二六年に結成された「グルッポ7」のメンバーでなかったせいか、イタリア近代建築史では傍流として扱われている。しかし二八年のCIAM（近代建築国際会議）の第一回の会合には出席して、C・E・ラヴァとともにイタリアからの発起人となった。

発表された作品の多くは刊行物の上で偏っていて、その評価はまだ定着していない。ル・コルビュジエの影響下のアクソノメトリックのプロジェクトは有名で、かつてファン・ドゥスブルクが注目し、ケネス・フランプトンは八〇年の *modern architecture: a critical history*（現代建築批判史）の表紙に、三一年のノートル・ダム寺院の色刷図版を用いている（日本語版は別の装丁）。

著作の数も多く、共著を含めて三〇数点におよぶ。三二年の『機能的建築の要素』は当初「合理的」としていたが、序文を寄せたル・コルビュジエの示唆によって改題したと伝えられている。前述の『新建築事典』が、海外の著書では珍しく、山口蚊象、土浦亀城、レーモンド、東京市役所などの日本のインターナショナル・スタイルの作品を大きい鮮明な図版で収録しているのは貴重である。

サルトリスは二〇世紀の異色の建築家のひとりであろう。

L. マンフォード

## 往復書簡が明かす巨匠の真実

ライトとマンフォードをめぐって

フランク・ロイド・ライト資料館長のブルース・ブルックス・ファイファーがロバート・ヴォトヴィッツを共編者として『フランク・ロイド・ライトとルイス・マンフォードの三〇年間の往復書簡集』（〇一年）を公表し、その日本語版が最近刊行された。世界的に有名な建築家と評論家が交わした手紙の集成という注目すべき本である。

ライトがマンフォードへ最初の手紙を送ったのが二六年八月で、ライトが五九歳、マンフォードが三〇歳と大きな年齢差があった。

マンフォードがライトを賛美した擁護者という先入観で読んでみると、必ずしもそうではないことが判明した。「あなたに対して無理に好意的になろうとしたことはありません」とライトへ書き送っているし、度重なるタリアセンへの招待に応じなかったように、批評家としては潔癖だったらしい。

併録された批評家フレッチャーへの手紙では、ライトが形式主義者で「必要条件とか機能とかを考えること」がなかったと手厳しく、ミースの「ファンズワース邸と比べればハンナ邸は何と慈悲深いことか」とライトが書き送っているが、すでに「六角形のパターンで設計されたハンナ邸では、ひとつひとつの家具が変形されています」と述べていた。

マンフォードはライト自慢のブロードエーカーシティに終始批判的であった。

一方でライトはマンフォードの国連ビル批判に共感し支持した。

この本で最も重要な問題は「インターナショナル・スタイル」（本書では「国際様式」と表記）

『ライト＝マンフォード往復書簡集 1926-1959』

と両者の関係である。ニューヨーク近代美術館（ＭｏＭＡ）の三二年の「近代建築・国際展」にはともに参加した。ライトの作品から装飾が減少するのはこの時期からであり、新しい建築デザインとの葛藤は、五三年にマンフォードへ送った私家版の論文まで続いたことが明らかになった。ライトはＭｏＭＡの展示の企画者のフィリップ・ジョンソン宛の手紙（『建築家への手紙』に収録）の写しをマンフォードに送っていて、それも本書には併録されている。

その他に興味深いのは、二人が二〇年代末からル・コルビュジエを意識していたこと、マンフォードがヘーリンクのガルカウの農場建築を「あなたのお気に召すかもしれません」と書き送ったこと、元所員のノイトラに対する異常とも思われるライトの執念深い憎悪の手紙、ＭｏＭＡのカタログにハウジングの論文を執筆したキャサリン・バウアーがマンフォードの愛人だったこと、サリヴァンの晩年の作品の実際の設計者の真相など、数多くて書き尽くせない。

日本語版では巻末のリストに載せながら、『建築家への手紙』収録のマンフォード宛の一二通との異同の照合はない。エルンスト・メイやヴェンディンゲンなどという表記はマイやウェンディンヘンと原語読みにすべきだろう。ノーマン・ライスがル・コルビュジエの弟子だったことは原注になく、前川國男やワイスマンと共同でコンペに応募したこととともに訳注で指摘してほしかった。編者の紹介より訳者の方が詳しいのも奇妙である。

ともあれ、知られざるライト像が浮き彫りになっている点で、「ライト」ファンにとって必読の本といえよう。

B. フラー

## 万能の天才の多面性　バックミンスター・フラーの真実

フラーは五七年以降数回も来日して講演をし、著作や雑誌の記事もかなり紹介されているが、一連のドーム建築以外の全貌は十分に知られていない。二〇〇一年、神奈川県立近代美術館で開催された展覧会は、フラーの全業績を知る絶好の機会であった。

フラーといえばドームの専門家と見なされ、建築の分野では特異な取り扱いを受けることが多い。しかし彼が関与した分野は実に広範囲に及び、図録では、万能の人として四〇以上もの肩書が列記されている。

「建築家」というのは、その中のひとつなのである。しかもその「建築家」としての側面は非常に興味深いもので、二〇世紀の建築史の上でフラーをどのように位置づけるかという課題の解明に役立つエピソードが多い。

ジオデシック・ドームに関連しては、約三〇年前のヴァルター・バウアーフェルトによるイエナのツァイス・プラネタリウムの球形ドームが挙げられている。これは二五年にディケルホフとヴィドマンの事務所が構造を担当したもので、鉄骨による三角形格子で球面構成をした画期的なものであった。

G・A・プラッツの *Die Baukunst der neuesten Zeit*（最新時代の建築芸術、二七年）や川喜田煉七郎の「近代建築史」で取り上げられて日本でもすでに知られていた（ちなみにこれらの構造家はマックス・ベルクの一三年のブレスラウの一〇〇年記念大ホールの協力者でもあった）。

オクテット・トラス（八面体および四面体の組み合せトラス）については、「数十年前」の電話の発明家グラハム・ベルの塔や凧にその原型があると記されている。これは正四面体の稜線部分を骨組みにしたスペース・フレームの基本型であり、その構法を発展させたコンラッド・ワックスマン自身が *The Turning Point of Building*（建築の転回点、六一年）の中でベルを先駆者として紹介している。その他の重要な言及は、圧縮材と引張材を分離した多極テンセグリティ構造の発見者が若い弟子のケネス・スネルソンであること、三輪自動車の発明もフラーではないといった点などである。

図録の指摘以外で、フラーの着想のルーツと推測される事例は他にもある。

例えば、英国映画の「建築家の腹」（八七年）で話題になったフランスの建築家エティエンヌ＝ルイ・ブーレ（一七二八〜九九）の描いた「ニュートン記念堂」の内径が約一五三メートルの球状空間のデザインや、クロード＝ニコラ・ルドゥー（一七三六〜一八〇六）の球形の住宅も、フラーの作品の先駆的な構想である。

一九三九年のニューヨーク世界博のウォーレス・ハリソンの巨大な球形のテーマ館は、ソヴィエト構成派のヤコブ・チェルニホフの三一年の『建築と機械の形態の構成』の中のデザインの影響と見なされているが、これらはフラーの刺激となっていたに違いない。

初期の多層階のダイマクション・ハウスは商店の陳列用スタンドにヒントを得たものであるが、フラーのデザインはフランク・ロイド・ライトのジョンソン・ワックス社の塔状の研究棟に投影されたといえよう。

フラーが多様なデザイン・ルーツを自由に活用したのは、正規の建築教育を受けなかったので、硬直した建築観に染まらなかったからであろう。

ウィチタ・ハウス

ダイマクション・ハウス

空間構成のルーティンに従うことなく、伝統的な傾向よりも特異な構想に着目して、自分の方法を展開することが可能であったに違いない。

彼はハーヴァード大学を中退し、海軍兵学校に入った軍人であって、建築については独学で道を開拓していった。その点、独学であったと語っていたル・コルビュジエを連想させる。ル・コルビュジエといえば、年譜によればフラーは二七年に『建築をめざして』の英語版を読んでいたのが注目される。自動車や船舶や航空機などへの強い関心は、その本からの示唆があったとも考えられる。

フラーが建築と関係するようになったのは一七年に結婚した夫人の父親の開発した工法による住宅建築に協力し始めて以来であるが、その欠陥に気づいて独自の構想を立て、二八年には四次元を意味する4Dハウスの特許申請をした。おそらくこれはル・コルビュジエの著作の影響であったろう。

この4Dハウスは四角形プランであるが、すぐにそのプランを放棄する。これは、当時フランク・ロイド・ライトが箱型建築の批判を建築雑誌で展開して攻撃していた影響であろうと推測される。

住宅への関心および箱型建築の放棄が、当時の指導的建築家の言説と関係があったのではないかという推論は、今後考証を要するだろう。

ダイマクション・ハウス（二九年）からウィチタ・ハウス（四六年）への展開は、実に見事な成果を発揮したものである。しかし、その間に三四年のシカゴの「進歩の世紀」博に出品されたジョージ・フレッド・ケックの「クリスタル・ハウス」のデザインの協力者だったこと

モントリオール万博 US 館

は見逃せない。アメリカの建築史上画期的なオール・ガラスのカーテンウォールの住宅に関与していたのである。同時にダイマクション・カーの三輪自動車もともに展示された。

さらに興味深いのは、フラーが雑誌などの刊行物を利用して早くから自己の理論的な主張を普及させようとした点である。これもル・コルビュジエに見習ったものと推測される。『T・スクエア』(T定規の意)という雑誌を買収して、自分の主催する構造研究協会の機関誌とし、『シェルター』と改題して、三二年四月の第三号では同年のニューヨークの近代美術館の「近代建築・国際展」の特集をしている。

この建築展は「インターナショナル・スタイル」展と誤称され続けているが、フラー自身はこのデザイン傾向に批判的であったにもかかわらず、その号の編集者にはこの命名者のフィリップ・ジョンソンを指名していた。

フラーのインターナショナル・スタイルについての批判を引用して、二七年のダイマクション・ハウスに注目する論評を発表したのはレイナー・バンハムであった。

六〇年の『第一次機械時代の理論とデザイン』の中で、フラーの科学技術の研究から生まれた思想の多くは、当時の近代建築の主流とは別な位置を占めていたと指摘している。

エーロ・サーリネンは五三年の「近代建築の六つの潮流」の補足としてネルヴィとフラーを併記した。

フラーがル・コルビュジエやライトだけでなく、同時代の他の建築家の営為を意識していたことは明らかであり、その業績の評価は今後の建築史家にとって重要な試金石となるに違いない。

## 異色の「パリのアメリカ人」建築家

### 評価の難しいポール・ネルソン

フランスの建築史家ジェラール・モニエが*L'architecture du XX*$^{e}$ *siècle*の日本語版『二十世紀の建築』（森島勇訳、白水社、二〇〇二年）の刊行の機会に来日して講演し、戦後のフランス建築の中でひとつの病院を高く評価した。それはフランス北西部のサン・ローに建ったフランコ・アメリカン記念病院（五八年）であった。設計はポール・ネルソンと協力者たちによるものである。

モニエは、オランダのダイケルとベイフート設計のサナトリウムやフィンランドのアールト設計のサナトリウムと並べて、フランスのネルソン設計のリール市立病院計画案（三一年）を挙げて、当時の新しい病院デザインの成果としている。

ネルソンの病院の研究はさらに進展し、三四年のエジプトの外科病院計画案では、平面が卵形で断面が半卵形の手術室を四つ葉のクローバー状に配置したユニークなデザインに達した。この構成は五八年のサン・ローの病院で実現した。卵形の内壁に数多くの丸い穴が設けられ、無影燈の不要な照明方式や空調のダクト孔に用いられ、視覚的にも特色あるデザインとなった。外観はインターナショナル・スタイルだが、ユニークな手術室などによって世界的に注目された（三四年の山口文象の日本歯科医専でも半卵形の手術室が実現した）。

ポール・ネルソンは一八九五年にシカゴで生まれ、一七年にプリンストン大学を卒業し、第一次大戦では空軍のパイロットとして欧州戦線で活躍し、除隊後パリのエコール・デ・ボザールに入学、二七年に卒業した。オーギュスト・ペレに師事したのでル・コルビュジエと

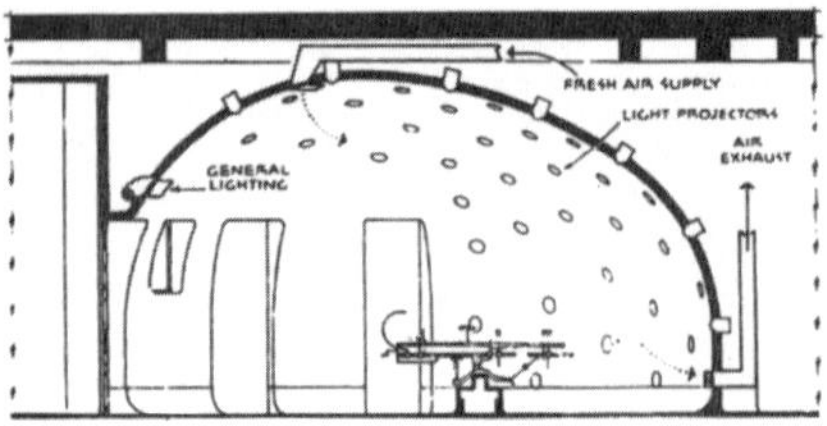

卵形の手術室

P. ネルソン

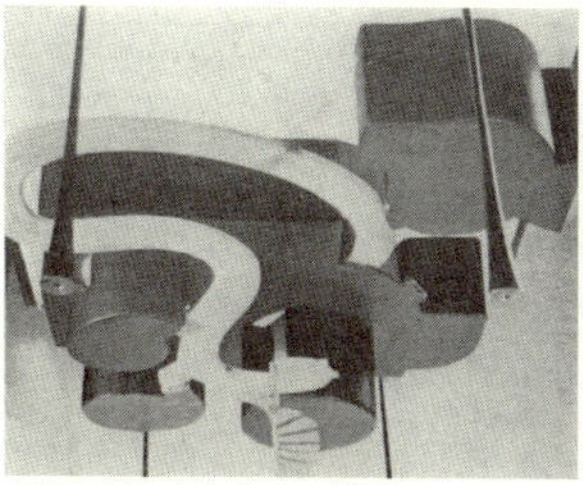

吊り下げられた住宅の模型

は知己となった。二八年にアメリカ人作家ブルックスの邸宅を設計し二九年に完成、パリで事務所を開設した。三一年のパリ市内の薬局が、三二年のニューヨーク近代美術館の「近代建築・国際展」に加えられた（図録に写真が載っているが、ヒッチコックとジョンソン著『インターナショナル・スタイル』では収録されなかった）。

ネルソンの多様な活動の中で、病院建築の追求の他に注目されるのは、ラジカルな機能主義とも言うべき新しい建築技術を駆使した空間創造の試みである。「吊り下げられた住宅」と「発見の宮殿」が代表的なものである。後者は三九年のニューヨーク世界博に出品を予定したもので、技術と科学の多様な成果と可能性をユニークな展示方法で示し、オスカー・ニチケとフランツ・ジュールダンとの協同であった。

モニエによれば、ネルソンが活躍したころのパリには多くの外国の芸術家が集まり、建築家もル・コルビュジエやアドルフ・ロースをはじめとして大勢が列記されている。ガーシュインが「パリのアメリカ人」を作曲したのは、ヘミングウェイやマン・レイなどアメリカ人も多かったからである。

興味深いことにネルソンはハリウッドで映画のセット・デザインも手がけている。

ネルソンは教師としても活躍し、フランスのエコール・デ・ボーザールのアメリカ人課程の教授や、ハーヴァード大学やＭＩＴの客員教授にもなり、また合衆国政府の住宅や都市計画関連の要職にも就任した。フランスとアメリカ両国を舞台に活動していたが、七三年にはフランスに帰化した。二〇年に結婚した妻が五一年に死去し、五二年に女流画家と再婚した。こどもは二人。七六年にマルセイユ近郊に自邸を建て、七九年に死去した。

ノースカロライナの展示場

M. ノヴィツキ

## チャンディガール新首都計画の前任者

マシュウ・ノヴィツキの悲劇

四〇歳の若さで非業の死を遂げた建築家マシュウ・ノヴィツキは、ライトとル・コルビュジエのデザインの統合の可能性をもっていたと、ルイス・マンフォードは追悼論文の末尾で示唆した。数奇な運命のこの建築家の評価は、二〇世紀建築史の上でいまだに定着していない。

マンフォードは、インドのパンジャブ州の新首都、チャンディガール計画のル・コルビュジエと前任者との交替が、政治的葛藤によるものと指摘した。当初はアメリカのアルバート・マイヤーとノヴィツキのチームによって着手され、途中でフランス・イギリスの混成チームに変更になったのは、インド当局がヨーロッパからの援助の方を重視したからだと記している。マックスウェル・フライ、ジェーン・ドリュウ夫妻が暗躍してル・コルビュジエを推したとみなしている。

ル・コルビュジエの評伝ではフォン・モースもカーティスも、ノヴィツキの不慮の死の後にル・コルビュジエが依頼されたと述べている。マンフォードによれば、ル・コルビュジエの名前が出たとき、マイヤーは両方のチームによるコンペを提言し、ル・コルビュジエもそれを承諾したが、実施されなかったという。

計画が中断されて失意のまま帰国する途中、ナイル川のデルタ地帯に墜落した飛行機事故でノヴィツキは五〇年八月三一日に亡くなった（日本語版『現代建築事典』では四九年、イギリスのある資料では五一年と誤記されている）。

ノヴィツキは一〇年六月二六日、ポーランド人を両親として東シベリアのチタで生まれた。

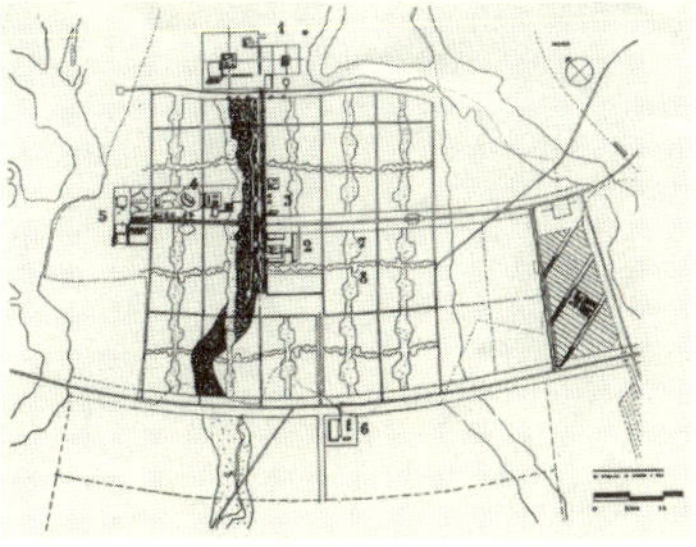

チャンディガール計画（ル・コルビュジエ）

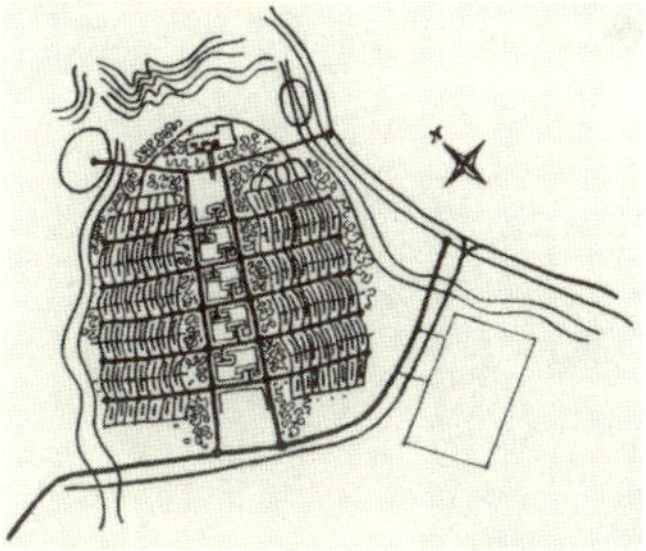

チャンディガール計画（ノヴィツキ）

父が領事として在任していたシカゴでは二一年に美術学校に入学し、二五年にはワルシャワの美術学校に転じ、二九年にはワルシャワ工科大学に入学し、ル・コルビュジエを尊敬するようになった。三六年には修士となり、いくつかのコンペに入選した賞金で、フランス、イタリア、ギリシャ、エジプト、ブラジルなどを旅行した。三九年にドイツ軍侵攻の前に砲兵中尉となり、占領中は地下運動をしながら建築と都市計画の研究と教育を続け、解放後にワルシャワ再建計画を作成した。

四七年にシカゴ領事館の文化担当官のまま、国際連合の建設委員会のポーランド代表となった。実施設計のウォーレス・ハリソンに協力し、四八年にはノースカロライナ州立大学の教授に指名され、州都ローリーの建築家W・H・ディトリックと共同で、有名となった代表作の大架構と吊屋根の展示場を実現させ、さらに図書館や美術館の計画も手がけた。

ほかにエーロ・サーリネンと協同でブランディス大学の計画案を作成し、ラドバーン計画で知られるクレアレンス・スタインに協力してショッピングセンターも計画した。

チャンディガールの計画は、マイヤーの事務所に雇われた形で担当したものである。ノヴィツキがマイヤー宛に送った手紙にはデザインの思想と意図が明確に示されている（拙訳『建築』誌六一年四月号参照）。

「ル・コルビュジエ学」の課題は、チャンディガールの新首都計画の巨匠への移行の真相を解明するとともに、二案のコンセプションとデザインの比較研究である。

さらにノヴィツキがル・コルビュジエの弟子だったという説（マンフォード、フォン・モース）の具体的内容も明らかにすべきである。

P. ジョンソン

## 住宅プランと家族像　フィリップ・ジョンソンとグラス・ハウス

建築評論家神代雄一郎の約一年間のアメリカ滞在記の『アメリカの環境―都市・建築・芸術』(井上書院、七一年)の中の「建築家の性」という一節は印象深いものだった。そこではアメリカにはホモセクシュアルの建築家が多く、「建築の設計や表現」とも関係があると記されていた。具体的にはホモセクシュアルは紫色を好み、これに対して同時ではないが一夫多妻型のフランク・ロイド・ライトなどは「黄色の建築家」であると述べている。しかし色彩以外の建築の形態や住宅デザインの影響については言及していなかった。

アメリカの建築家の中で、ホモセクシュアルであることが知られているのはフィリップ・ジョンソンである。彼の自邸の「グラス・ハウス」は四九年に完成し、発表されると世界的に注目され、設計者も有名になった。プランは矩形で四周を透明なガラス壁で構成し、内部に偏心させた円形のコアを配置しただけの単純なものであった。コアは浴室回りと暖炉を背中合わせに結合したもので、他に間仕壁などはまったくないワンルーム住宅といってよいものであった。

この住宅についての当時の賛美の評価は、もっぱら鉄骨とガラスによる単純な空間構成に対して向けられた。当時ジョンソンは独身とみなされ、ホモセクシュアルのことはほとんど伝えられなかったので、住宅プランとしての可否についてはまったく論評が見当たらなかった。

詳細なミースの評伝を執筆したフランツ・シュルツが九四年に、*Philip Johnson—Life and*

グラス・ハウス

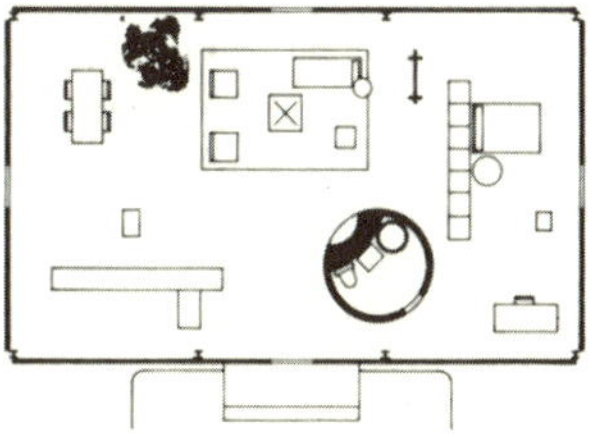

グラス・ハウス平面図

*Work*（フィリップ・ジョンソン――生涯と作品）を発表し、その中でジョンソンの相手の男性の五人もの顔写真を実名付きで載せた。ジョンソンは存命であったから了解を得たに違いない。その中の二人は「グラス・ハウス」の完成以前の相手であるが、この住宅は「ホモセクシュアルの家」ではなく「独身者の家」としてデザインされたのだった（ちなみに日本語版『フィリップ・ジョンソン著作集』（七五年）の編者のデイヴィッド・ホイットニーは訳者の横山正の教示によれば、ジョンソンの相手であったとのこと。シュルツの本にはその写真が収録されている）。

ジョンソンの生活の多様な側面が明らかになるにつれ、「グラス・ハウス」が建築家の主張のプレゼンテーションのためとみなされ、住宅プランとして真っ向から取り上げる論評はほとんど現れなくなった。

ワンルーム住宅といえば下関市長府にある乃木希典が幼少時代を過ごした家を思い浮かべる。下級武士の住居とはいえ、押し入れもない一間だけである。なかでは夜具を入れた大きな風呂敷包みが、部屋の中央で天井高く吊り下げられていた。伝記を読んでいないので、当時の乃木家の家族構成については知らなかったが、おそらく日常は雑魚寝の生活をしていたのであろう。この乃木邸ばかりでなく、日本の古い住居では部屋数が少ないのに大勢の家族が暮らしていたという記録がかなりある。一般に民家に関する研究では具体的な家族像についての言及が不十分なものが多い。住宅プランからそれを類推するのに難儀するのである。

家族像が照合できるようになってきたのは最近の住宅プランの大きな傾向である。一方で増大しつつある都市型のワンルーム・マンションなどは、自由婚かホモセクシュアルやレズビアンといった家族像の変貌の反映なのかもしれない。

## 「ミースの息子」と呼ばれた建築家

追悼——フィリップ・ジョンソン

アメリカの建築家、フィリップ・ジョンソンが二〇〇五年一月二五日に九八歳で亡くなった。ジョンソンはかつて「ミースの息子」と呼ばれた。二〇世紀の代表的建築家のミース・ファン・デァ・ローエとの関係は、ジョンソンの重要な側面である。

ジョンソンは著名で富裕な法律家を父として、一九〇六年にオハイオ州クリーブランドで生まれ、幼少期からたびたびヨーロッパ周遊を経験し、一二年のエジプト旅行のとき建築に関心を抱き、建築家を志望したが家族に反対されて、ハーヴァード大学では西洋古典学と哲学を専攻した。二八年に建築評論家ヘンリー＝ラッセル・ヒッチコックのJ・J・P・アウトに関する論文を読んで、建築への「改宗」を決心した。

三〇年に卒業すると、前年に開設されたニューヨークの近代美術館（MoMA）へ、無給でしかも秘書の報酬も自己負担という条件で参加し、建築部門を認めさせて主任となった。建築展を企画して三〇年にヨーロッパへ視察に出張し、その際にミースに会見して親しくなり、自分のニューヨークのアパートメントのインテリア・デザインを依頼した（ドイツ人の乳母に育てられたのでバイリンガルだった）。ニューヨークにはかつてミースの協力者だった家具製作者のヤン・ルーテンベルクが移住していた。

三二年に開催された「近代建築・国際展」はアメリカの近代建築の普及に重要な役割を果たしたが、ヒッチコックを協力者として起用したものである。図録の大部分はヒッチコックの執筆であり、ミースの項だけはジョンソンが執筆し、これはジョンソンの最初の本格的建

AT&T ビル

シーグラム・ビル

築家論であった。この展覧会ではF・L・ライトが展示されたので、これに反発した両者は、ライトを排除した『インターナショナル・スタイル』を共著として同年に刊行した。これは後に歴史的古典とみなされるようになった。

建築家への転向を目指してジョンソンがハーヴァード大学へ再入学したのは、ミースが教授とはいえイリノイ工科大学の前身の新興大学は良家の子弟にふさわしくないというプライドからだったらしい。

四七年には古巣のMoMAで「ミース展」を開き、『ミース・ファン・デァ・ローエ』というモノグラフを刊行して注目された。

四九年に発表した自宅の「グラス・ハウス」はミースの影響の濃い作品で、ファンズワース邸の案が下敷きであるが、この建築によってジョンソンは世界中で有名になった。

五八年に完成したニューヨークのシーグラム・ビルは、ミースの最高の作品と評価されている。施主から建築家の選定の相談を受けたジョンソンがミースを推薦し、自分も一部協力したものである。ミースの没後、ドイツ時代を含むすべての設計原図をまとめてMoMAに購入させたのはジョンソンである。また二九年のバルセロナ万国博のミース設計の「ドイツ館」を再建させる運動を推進して実現したジョンソンの功績も見逃せない。

ジョンソンはポスト・モダニズムの旗手の一人として有名であるが、その華々しい多様なデザイン活動は、ミースの古典主義的な傾向の呪縛から逃れて、自己形成の新しい道へ進んだからである。ジョンソン論は、九四年刊のフランツ・シュルツの評伝で終わりにすべきではないと思われる。

## 建築家の赤裸々な素顔　シュルツが明かすジョンソンの真実

わが国の建築家のフィリップ・ジョンソンへの関心はかなり高い。彼を追悼する拙稿に、さまざまな感想や批判が寄せられた。建築作品についての言及の不足の指摘、ミースとの関係の強調の理由、フランツ・シュルツの論文の説明不足などである。

執筆時間が少なく、紙面も限られていて、長命で多彩な活躍をしたジョンソンについて短文で適切に論評することは困難であった。関心の大きい向きのすべてを納得できなかったのはやむを得ない。

彼についての情報はかなり多い。初期の作品から伝えられ、作品集は六八年に美術出版社刊、七九年にエー・アンド・ユー社刊と二種類が、著作集も七五年にA.D.A.EDITA TOKYO社から刊行されている。九八年には美麗な超豪華版の『GLASS HOUSE』がYKKAP社から出版された。これらを念頭において、周知の作品群については後半で略記し、あまり論じられていないミースとの関係に焦点を当てた。ミースを二〇世紀の巨匠に押し上げたジョンソンの功績が大きいからである。

例えばギーディオンの『空間 時間 建築』では、四一年の初版からミースは含まれていなかった。このことを知らない読者は多い。アルヴァー・アールトが先に取り上げられ、その後五〇年代にようやくミースが加えられた。四七年のジョンソンによるモノグラフが大きな刺激になったことは否定できない。ピーター・ブレイクの六〇年の *The master builders*（『現代建築の巨匠』彰国社、六三年）の中で、ライトとル・コルビュジエにミースを加えて、グロピウ

F. シュルツ *Philip Johnson*

スを排除したのはジョンソンの影響である。

それらの後に続くシュルツの八五年のミースの評伝（日本語版八七年）は、それまでの論述と異なって、ミースの私生活をかなり詳細に記して読者に注目された。ドイツ時代の愛人のリリー・ライヒが二歳年上でヴィーン工房のヨゼフ・ホフマンに師事し、展覧会の仕事の多かったミースのよき協力者だったこと、姉妹や娘など家系のこと、渡米してからの愛人のローラ・マークスのことなど、いずれも写真入りで言及した。

シュルツのこの手法は、九四年のジョンソンの評伝でも踏襲され、建築家自身の生活を赤裸々に暴露した。従来のジョンソン論ではまったく書かれていない、同性愛者の側面を詳しくあからさまにして建築界を驚かせた。それについては前述した（本書五七頁）。五人もの相手を写真入りで実名も載せたのは、ジョンソンの了解があったからに違いない。

シュルツの評伝は、このような建築家の私生活の記述に比べて、建築作品の論述では物足りない。八九年の没後一〇周年記念展にちなんでＭｏＭＡが刊行したシュルツ編の *Mies van der Rohe: Critical Essays* では、序文とインタビュー記事を担当して、建築作品論は別の三人の論考を収録しているのである。

九六年のピーター・ブレイクの *Phillip Johnson: Turning Point* は、シリーズの中の一冊なので体裁に制約があり、簡便な作品集であり、本格的評伝ではない。

拙稿の末尾でシュルツの論文で終わりにすべきでないと記したのは、鋭い洞察の新たなジョンソン論の出現を期待していたからである。

G. バンシャフト

## 組織のなかの建築家の評価

SOMのゴードン・バンシャフトの生き方

五二年のレヴァ・ハウスの出現は画期的であった。ニューヨークのパーク・アヴェニューの一角に竣工した総ガラス張りの高層建築は、さまざまなデザインの摩天楼の林立のなかで、まったく新しい姿によって人びとを瞠目させた。これは世界中に報じられ、これにともなって設計組織のスキッドモア・オーイングス&メリル建築事務所（略称SOM）の名も有名となった。

続いて次々と斬新なデザインを発表し、マニュファクチュアズ・トラストカンパニー（五四年）などの一連のカーテンウォールの際だった手法のヴァリエーションは注目を集め、先駆者たちの創意や提案を総合して造形的に洗練させた新鮮な魅力は、世界的に影響を与えた。

六〇年代の外壁を内側に引っ込めて柱・梁のラーメン構造を強調した、ファースト・シティ・ナショナル銀行（六一年）などの一連のデザインも、その意表をついた手法による新しい造形効果によって多くの追随作品を生みだした。

六三年のエール大学のベイネッケ・レア図書館は、四隅の支柱の上に五層のグリッド・ボックスを載せた独創的な立体構造方式と、大理石の薄片のカーテンウォールの組み合わせの新しい空間構成によって世界中の注目の的となった。

六五年のランベール銀行では柱の中間部にピン・ジョイントを導入するという大胆なデザインによって新しい流行をつくり出した。これらの新しいデザインを続出させるSOMの異才の建築家として、ゴードン・バンシャフトの名が、次第に知られるようになった。

レヴァ・ハウス

ベイネッケ・レア図書館

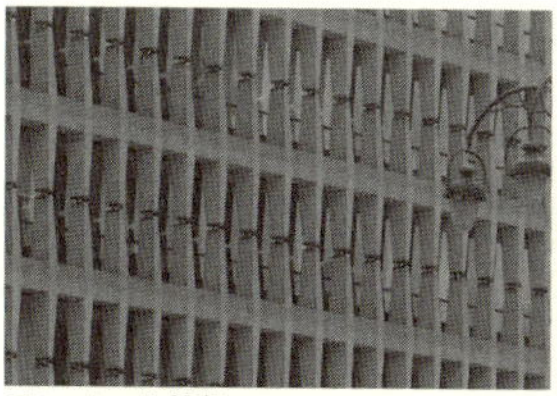
ランベール銀行

バンシャフト（〇九〜九〇）はロシア移民のユダヤ人の子としてバッファローで生まれ、地元のハイスクールを経てＭＩＴに入学し、大学院へ進んで奨学金を得て、ヨーロッパへ行った。当時の大学教育はまだ様式建築が中心だったので、新しいデザインの動向を自己学習する旅であった。ストックホルム市庁舎、ファンネレ工場、スイス学生館なども見学し、ロンドンでは亡命中のグロピウスに面会している。

帰国後、三七年にニューヨークへ出て、一時エドワード・Ｄ・ストーンの事務所に籍を置き、短期間でスキッドモア事務所に移った（三五年にチームを結成したオーイングスはシカゴ事務所にいた）。バンシャフトは三九年のニューヨーク世界博のベネズエラ館を担当し、鉄骨構造を明快に露出させたガラス張りのデザインは当時のアメリカでは新しい方法であり注目された。四二年から軍務に就き、大戦後に復職してからの前記の一連の作品は世界中に影響を与え、その名が有名になるにつれて、一部のマスコミが個人建築家並みの取り扱いを試みると、ＳＯＭの一員という理由で拒絶したという。いくつかの大学の客員教授となり、数々の受賞歴も多く、八八年にプリツカー賞を与えられたが、モノグラフは *Gordon Banshaft of Skidmore, Owings & Merrill*（スキッドモア、オウイングス、メリルのゴードン・バンシャフト、八八年）という表題であった。

サウジアラビアのジェッダの銀行（八三年）は最後の作品で無窓の外壁に大きな開口部を設け、内部の諸室が中庭上部に面するという、伝統のコートハウスの変形のデザインであった。このユニークな着想から推測すると、異才とみなされながらＳＯＭから独立しなかったのは、彼の出自と関連があったのではなかろうか。

## 『伽藍が白かったとき』の裏面史

ル・コルビュジエのアメリカ人弟子たち

戦前、ル・コルビュジエのアトリエにアメリカの女性建築家がいた――このことは最近まで知らなかった。二〇〇一年に刊行された *Le Corbusier in America*（アメリカにおけるル・コルビュジエ）のなかにそのことが記されている。著者はル・コルビュジエ研究者のノースイースタン大学の女性のマージェス・ベイコン教授である。

この研究書はル・コルビュジエの三五年のアメリカ訪問旅行を中心としたものである。ル・コルビュジエ自身三七年には自己の体験を中心にして、『伽藍が白かったとき』のサブタイトルを「臆病な人々の国」としてアメリカ文明批判を展開した（英語版は四七年、日本語版は五七年）。ベイコンは巨匠の三ヵ月間の滞米中の行動と関連人物について徹底した調査と数多くの証言を援用して、かなり詳細に記述している。ル・コルビュジエの一方的な感想に対するアメリカ側の実証的解明なのである。

彼女の論述の大きな特色は、細部の事柄によるアプローチである。些細な出来事であっても、その忠実な研究は、しばしば分厚い評伝や建築的・文化的意義を強調する論説に大きな影響を及ぼすことがある。この著作は、そのような観点に立っていると見なされる。ここでは三五年前後のヨーロッパの巨匠をめぐるアメリカの建築界の動向が詳しく述べられている。

ル・コルビュジエのアトリエにいた女性建築家としては、シャルロット・ペリアンが有名であるが、そのほかにアメリカ人の弟子もいた。そのことは、巨匠に魅せられてアトリエへ入ったアメリカの建築家たちのなかで記され、さらにアメリカにおいての設計活動にまで及んで

*Le Corbusier in America*

『伽藍が白かったとき』

いる。

かつて私が『巨匠への憧憬』（相模書房）のなかで、アメリカ人の弟子の建築家として、ノーマン・ライスとハミルトン・ビーテイの二人について書いたことがある。あとは執筆当時に知らなかった。

ベイコンの著作では、ほかに数人の建築家について言及している。女性建築家というのはそのなかのひとりで、ジェーン・ウエストという名であり、三二年にアトリエに入ったと記されている。

かつて私が『ル・コルビュジエ断章』（相模書房）のなかで引用した二種類のアトリエ在籍者リストの双方にウエストは載っている。同じ三二年のホワイトという人物もアメリカの建築家だという。これらのことは、この著作によって初めて知った。

ジェーン・ウエストがル・コルビュジエのアトリエで参加したのはスイス館の設計だった。彼女は三四年に帰国し、ドイツ生まれのアルフレッド・クラウスと結婚、協力して設計活動を開始した。三四年から四五年にかけて、ルーズヴェルト時代の政策のTVA（テネシー川流域開発公社）の支援による住宅建設に関与した。代表作品としては、四三年のテネシー州ノックスヴィルの「ハート・ハウス」が写真図版とともに紹介されている。説明によると、四〇年代までクラウス夫妻のデザインは、ル・コルビュジエの路線に忠実であったらしい。この住宅は自然石積みを導入したル・コルビュジエやマルセル・ブロイヤーの影響という点で、アメリカでは好評だったとつけ加えられている。

さらに、双方のリストに載っていないアメリカの建築家がいたという記述も注目される（日本の牧野正巳もリストにはない）。

マシュウ・エールリヒはフィラデルフィアの出身、三〇年代に『シェルター』誌に論文やエッセイを寄稿していたという。ヒュー・マックレランはボストン生まれ、のちにニューイングランドの地域開発委員会の建築家となり、ワシントンの政府のなかでポストを得たという。二人は三一年ころの在籍である。

ロバート・アラン・ジャコブスもリストには載っていないが、アメリカ人の弟子のなかで、ル・コルビュジエに直接の影響を与えた点で注目される。アトリエには三四〜三五年に六ヵ月間しかいなかったが、三七年のパリ万国博の新時代館の計画やパリ市立美術館の競技設計に関与したらしい。師匠のアメリカ訪問の際には、通訳として全旅程に同行するという大役を果たしたのである。ル・コルビュジエは彼を通じてアメリカの情報の詳細を獲得したとみなされている。

これらのアメリカの弟子たちについての言及は、ベイコンの著作のほんの一部でしかない。この本の主な狙いは、『伽藍が白かったとき』でル・コルビュジエが書かなかったアメリカでの事柄の真相を解明することであった。読み比べると理解は一層増加する。付録として巻末に加えられた講演会や巡回展の記録も貴重である。

細部の記述の事例として取り上げた弟子たちのほかに数多くのエピソードがあり、それらは実に興味深く、この著作を魅力的なものにしている。「ル・コルビュジエ学」の新たな成果として高く評価したい。

## 二〇世紀の女性建築家たち

### ジュリア・モーガンら絢爛たる顔ぶれ

近年、ジェンダーの関心が高まり、フェミニズムの観点から、『女性画家列伝』や『女性作曲家列伝』が刊行されている。女性建築家についても類書が現れないかと思うが、とりあえず、多くはないが試みに記してみよう。

【ジュリア・モーガン】パリのエコール・デ・ボーザールを卒業した最初の女性建築家である。活動はアメリカ西海岸を中心とし、八〇〇件以上に及ぶ作品の主なものは住宅であり、YWCAの施設の中でハワイの建築はとくに有名である。作風は、多くの様式の折衷的な傾向であり、映画「市民ケーン」のモデルとして知られる新聞王ハーストの依頼によるサン・フランシスコの南のサン・シメオンに建てた大規模の邸宅は「ハースト城」ともよばれ、着工が一九年、完成が四〇年という豪華なものであった。

【マルハレーテ・クロポラー】堀口捨己著『現代オランダ建築』(二四年)によって紹介されたアムステルダム派の一人で、一八年に他の建築家と競作したメイルワイク園の郊外住宅「ボイケンホック」で知られる。

【アイリーン・グレイ】アイルランド出身だがインテリア・デザイナーとして、パリを中心として活動した。漆を塗った家具で注目され、南仏のカップ・マルタンに〈E1027〉とよばれた「白い家」を二九年に建て、インターナショナル・スタイルの建築家に加えられた。前衛芸術家たちが集まるようになり、ル・コルビュジエも仲間で、後に近くに小屋を建てた。

【シャルロット・ペリアン】二〇年代末にル・コルビュジエ、ピエール・ジャンヌレと共同でデザインした一連の家具は、現在も販売されている。三七年に独立しピエールと同棲。四〇年の初訪日以来、日本での知名度が高い。

【土浦信子】土浦亀城とともに、F・L・ライトの許でドラフトマンを務め、帰国後は、新傾向のインターナショナル・スタイルに転向した夫の作品の製図に協力し、来日したブルーノ・タウトは共作と認めてフランスの雑誌に紹介した（後に亀城の話によると、この転向は夫人の製図労力の軽減にもなったとのこと）。

【ゲルディ・トロースト】ナチの御用建築家でミュンヘンの新古典主義のパウル・ルートヴィッヒ・トローストの三四年の没後、夫の作品の芸術会館（三七年）、国立絵画館（三九年）、現在の国立音楽大学（三九年）を完成させた。

【マリア・シュヴァルツ】二〇世紀の教会デザインの革新者ルドルフ・シュヴァルッの共同設計者・協力者として戦後の大部分の作品に関与した。夫の六一年の没後は六七年まで実施設計や現場監理で作品を実現させた。

【ジェーン・B・ドリュー】三九年に二八歳の若さで独立し、四二年にグロピウスの協力者だったマックスウェル・フライと結婚。夫とともにアフリカやアジアの英国植民地で多様な設計活動を展開し、チャンディガールではル・コルビュジエに協力した。

【ジェーン・ウエスト】ル・コルビュジエのアトリエで三二年から三四年にかけて修業した彼女は、帰米後、ドイツ生まれのアルフレッド・クラウスと結婚した。彼は、一九三二年のニューヨーク近代芸術館の建築展で、ジョージ・ダウブとの共作のスタンダード石油給油所が選ばれていた。二人は一九三四年から、ルーズヴェルト時代の政策の住宅建設に関与し、次第に、自然石を使用したデザインをするようになった。これは、師の「六分儀の家」（マトの家）や、渡米後のマルセル・ブロイヤーの住宅デザインと同類の傾向であり、好評だった。

【アリソン・スミッソン】夫のピーターと共同作品で「ニュー・ブルータリズム」を提唱し、チーム・テンのメンバーとして六五年に ***Team 10 primer***（チーム10入門書）（日本語版『チーム10の思想』彰国社、七〇年）をまとめて刊行した。七四年には、ル・コルビュジエの晩年のヴェネツィア病院計画などのデザインを「マット型建築」と命名した。女性の建築理論家の一人。

【ガエ・アウレンティ】八六年に開館したパリのオルセー美術館の室内改装の国際コンペで一位となったイタリアの建築家で、インテリア・デザインの新しい方向を開いた。

【ファーシド・ムサヴィ】二〇〇二年に完成した横浜港大さん橋国際客船ターミナルの国際コンペで一位となった二人の共同設計者の一人。そのデザインはアリソン・スミッソンの七四年の「マット型建築」論の代表例とみなされる。

L. バラガン

## 自己演出でも巧妙だったメキシコの建築家

ルイス・バラガンの生き方

メキシコ建築といえば、戦後まもなく伝えられた動向のなかのいくつかの作品が印象深い。巨大な壁画のあるメキシコ大学（オゴールマンなどの設計）、ル・コルビュジエの「輝く都市」の実現とみなされた高層住宅群（マリオ・パニ設計）、コンクリートシェル構造の華麗な造形（キャンデラ設計）、そして五本の塔で構成されたサテライト・タワー（ルイス・バラガン他のデザイン）である。

ルイス・バラガンは〇二年、メキシコ中西部のハリスコ州の州都グアダラハラで地主階級の家に生まれ、八八年に亡くなっている。典型的な二〇世紀の建築家であった。

地元の自由工科大学でエンジニアの学位を受け、さらに一年の課程を修得すると建築家の資格が与えられることになっていたが、進学せずに二五年から二七年にかけてヨーロッパ各地を旅行した。建築家となる決心をしたのは帰国後のことである。

二五年のパリの万国装飾美術博を見学したが、ル・コルビュジエ、キースラー、メルニコフなどの新しいデザインに興味がなく、むしろ反発を感じたらしい。

三一年に再び外遊し、ニューヨークでキースラー、パリでル・コルビュジエと知り合いになり、大きな影響を受けた。

彼は生涯を通じて、インターナショナル・スタイルを基本とした希有な建築家だった。

バラガンは、メキシコを代表する指導的建築家で五歳年下のファン・オゴールマンのように、民族的デザインや夢幻風で彫塑的デザインに転ずることはなかった。伝統的なゴシックやバ

住宅

ロックの様式を意識したこともなかった。

自分のデザインのなかに取り入れたのは、むしろ風土的条件であった。無装飾で立方体的造形を基本としながら、中庭や池を加えた空間構成を試みるようになったのは、風土的デザインをめざしたからであり、そのコンセプトの根源はアルハンブラ宮殿のようなイスラム的手法であった。

建築家としてバラガンがユニークなのは、早くからル・コルビュジエや、知己でもあったノイトラの影響で建築写真を重視したことである。それによる自己顕示の演出方法として、国際的な先進国の建築ジャーナリズムに登場することを目標とした。三一年からアメリカの建築雑誌 ***Architectual Record*** に作品写真を送り続けていたことが知られている。

建築界のノーベル賞ともいわれるプリツカー賞が八〇年に与えられたとき、シーザー・ペリは、審査員がほとんどバラガンの作品を写真だけで知って判断した、と述べたらしい。

バラガンの作品は、他の建築家よりも建築写真家を魅了して惹きつけたのである。彼の作品に対して「沈黙と孤高」という修辞が用いられ、彼自身も語っている。しかし、それらはあくまでも実際の建築ではなく、写真表現の上だけではないか、と論評されている。

彼のデザインは、空間構成や色彩効果の点で写真によって美しく伝えられるが、それ故に舞台背景画的手法であるとみなされてきた。

バラガンの初期から晩年までのほぼ全貌を伝える生誕一〇〇年記念展が東京で開かれたが、その展示を見て、そのような印象を強く受けたことは確かである。

A. レーモンド

## 評価の安定しない建築家

アントニン・レーモンドの研究

建築家アントニン・レーモンド（一八八八〜一九七六）についての評価はさまざまである。

評論家加藤周一が編集長の『平凡社・大百科事典』（八五年）ではJ・コンドルは見出し項目として取り上げられているが、A・レーモンドの名はどこにもない。

W・ペーント編 *Encyclopedia of Modern Architecture*（『現代建築事典』六三年、六五年の日本語版は英語版による）の「日本」の項は美術評論家小池新二の執筆で、その近代建築様式の展開に関連のある外国の建築家を列記しているが、その中にA・レーモンドは見当たらない。

同世代の建築史家村松貞次郎は『日本建築家山脈』（六五年）の中で「A・レーモンドと彼に学んだ人びと」という一章を設け、『日本近代建築の歴史』（七七年、二〇〇五年に岩波書店が復刊）では指導的建築家の前川國男と吉村順三がレーモンドに師事し、再来日後のいくつかの作品が日本の建築界に大きな衝撃を与えたと指摘している。

ペーント編から二〇年後のV・ランプニャーニ編に交代した *Encyclopedia of 20th-century architecture*（二〇世紀建築事典、八三年、日本語版は未刊）では、レーモンドは見出し項目にはないが、「日本」（八束はじめ記）と「F・L・ライト」（ランプニャーニ記）の項の中に現れた。

日本の建築ジャーナリズムは戦前からレーモンドの作品を竣工後に掲載し続け、特集号なども刊行してきた。評論家栗田勇監修『現代日本建築家全集』（七〇年代）は、前川國男を欠如した変則的なものだが、第一巻をA・レーモンドにした。

二〇〇五年のDOCOMOMO日本支部の近代建築一〇〇選展では、鈴木博之を中心とす

『A・レーモンドの建築詳細』

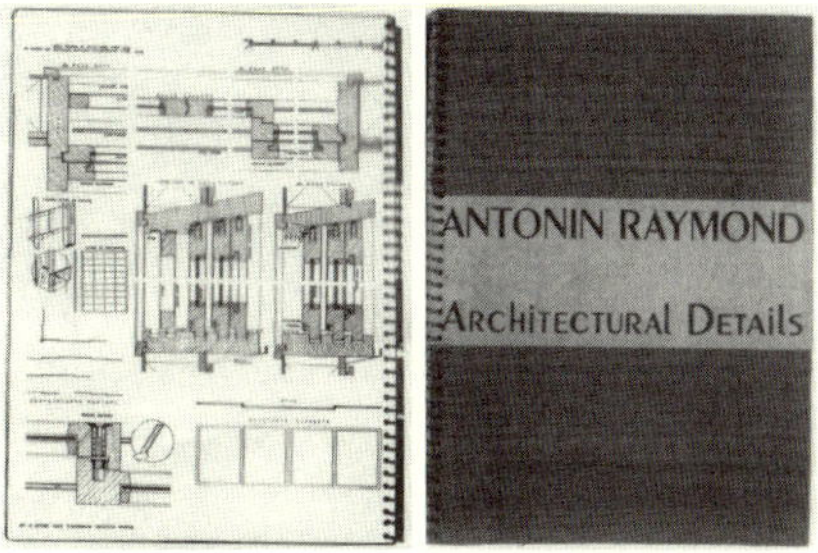

*Antonin Raymond Architectural Details* (1938)

る建築史家たちが、レーモンドの作品の東京女子大学、聖パウロ教会、群馬音楽センター、南山大学、軽井沢の新スタジオの五件を選出した。

レーモンドとその作品を熱心に研究し続けているのは建築家三沢浩である。レーモンドの門弟であり、その著作の『私と日本建築』(鹿島出版会、六七年)と『自伝アントニン・レーモンド』(鹿島出版会、七〇年)の日本語訳を実現させ、『アントニン・レーモンドの建築』(鹿島出版会、九八年)と『A・レーモンドの住宅物語』(建築資料研究社、九九年)という研究書を刊行した。

三沢の著書『A・レーモンドの建築詳細』(彰国社、二〇〇五年)は新たな研究書である。戦前の三種類の著作の『アントニン・レイモンド作品集一九二〇〜一九三五』(三六年)、『近代家具装飾資料・レイモンド作品集』(三七年)、*Antonin Raymond Architectural Details*(三八年)の中の最後のものを取り上げている。

三沢の解題は精緻な研究の成果である。単なる内容紹介だけではなく、作品との関連や当時の日本の建築デザインの動向に言及し、近代建築史の重要な側面の考察をしている。

## 日本空襲の戦略に加担した建築家

アントニン・レーモンド評価の一側面

アントニン・レーモンドの評価は容易ではない。

日本の建築史家はさまざまな見解を発表してきた。村松貞次郎は「日本建築家山脈」というシリーズの論文の中で「A・レイモンドと彼に学んだ人々」（六四年）と題して、近代建築史上のレーモンドの位置づけを試みた。村松と同世代の稲垣栄三は『日本の近代建築――その成立過程』（五九年）の中で、レーモンドにはまったく言及しなかった。ブルーノ・タウト、村野藤吾、今井兼次、安井武雄などについても同様である。

建築ジャーナリズムはレーモンドに対して好意的で、竣工作品を順次掲載し、特集を編集したり、建築家全集では第一巻に取り上げた企画もあった。またレーモンド自身の戦後の著作も、『私と日本建築』（六七年）、『自伝アントニン・レーモンド』（七〇年）が刊行された。

三沢浩がレーモンドに関する著作を続いて二冊も発表したことは前述した。『アントニン・レーモンドの建築』と『A・レーモンドの住宅物語』である。レーモンドの弟子であり、しかも前記の二冊の訳者でもある三沢がこのような著作を刊行したことは大いに注目される。

前者の『建築』のまえがきによると、三沢はレーモンドの死の直後に「彼の考え方を紹介しようと」本の出版を目論んだが、ある事情により「やむなく挫折を余儀なく」された。この事情は『A・レーモンドの住宅物語』のあとがきで明らかにされている。

三沢がレーモンドに関する著作の目次を、芸大の恩師でレーモンド事務所へ入る時に世話になった吉村順三に見せたところ、「彼は声を低めてある一カ所を指しながら、つぶやくよう

『A・レーモンドの住宅物語』

爆撃目標として建てられた日本式長屋

に〈死者に鞭打つのはどうかね〉といわれた」のであった。

「それは〈アメリカにおける住宅の設計活動〉の章であり、〈爆撃目標として日本長屋の設計（一九四三年）〉の項であった。私はすべてを悟った。レーモンドが世を去って間もなくのことであり、彼はレーモンドを悼み、まだそれが残っていたこともあったろう。」と吉村の非難の背景について書いている。

レーモンドが焼夷弾爆撃の目標として日本家屋の長屋を建てたことは『自伝アントニン・レーモンド』で写真入りで詳しく述べている。訳者はそれを重視し続けてきたに違いない。吉村が亡くなって、ようやくそのことを記した著作を刊行したものと推測される。

レーモンドばかりではなく、現代アメリカの代表的建築家のイオ・ミン・ペイも戦時中に、国土防衛研究所に勤務して、日本の都市を消滅させる研究をしていたと、評伝の中で記されている。

技術者としての建築家が、戦争に協力してきたことは、歴史的に事例は少なくない。レーモンドに対する感慨をどう乗り越えてゆくかは時間の問題であろう。

殺人を犯したイタリアの芸術家――作曲家のジェズアルドや、画家のカラヴァッジョに関して、人間性と美的表現とを混同しない傾向になってきていることも留意すべきである。

梁思成

J. ウッツォン

## シドニーオペラハウスに影響を与えた中国人建築家

日本で生まれた梁思成の変転

二〇〇一年『シドニーオペラハウスの光と影―天才建築家ウッソンの軌跡』（彰国社）という、設計者ヨルン・ウッツォンの弟子の三上祐三と写真家の村井修の共著が刊行され、改めてこの建築のすぐれた美しい魅力を味わった。

この建築について思い出されるのは、そのウッツォンに影響を与えたと伝えられる中国の建築家の梁思成（リャン・スーチョン）のことである。

建築評論家のギーディオンが『空間 時間 建築』の最終版で追加したウッツォン論の中には、彼が北京で梁思成教授と会い、中国の古代建築の研究成果を学んだと述べられている。それはプレファブシステムの法則であり、ディメンションだけでなく、要素や部位のあらゆる組み合わせと、それらの象徴的内容であったという。シドニーオペラハウスのデザインでは梁思成の教示による中国建築の古代の方法が織り込まれているという説である。

その事実の当否は、さらなる詳細な比較検討を要するが、ウッツォンが梁思成と会って影響を受けたというエピソードは興味深い。

梁思成については、日本の建築ジャーナリズムでも、五五年ころから中国の建築界の動向を報道する記事のなかで言及され、五五年には新島淳良の中国建築学会の討論の「建築における民族形式とは？」と、六一年には西山夘三の会見記と田辺員人訳の建築論が、いずれも『国際建築』誌で取り上げられた。これらを記憶されている向きも少なくないだろう。

梁思成は日本生まれである。父の梁啓超（リャン・チーチャオ）は清朝末期の改良主義の思想家で、西太后暗殺計画に失敗して、一八九八年に日本へ亡命した。一九〇一年に梁思成が、一九〇四年には弟の梁思永（リャン・スーヨン）が生まれた（彼はハーヴァード大学を出て著名な考古学者となった）。辛亥革命後の一一年に一家は帰国した。

思成は一五年に清華大学に入学して建築学を専攻。二四年から二八年までペンシルヴァニア大学に留学。二九年に帰国し、瀋陽（奉天）の東北大学工学院に建築学科を創設して主任教授となり、併せて設計活動も開始した。

三一年の日本軍による満州国樹立とともに退任し、建築家としての活動は大きな制約を受けた。約三年ほどは日本軍に協力したが、民族的な自覚から離脱して西方へ向かって避難した。四六年、日本軍の撤退後の北京へ帰り教職に就いた。その後、プリンストン大学に客員教授として招かれた。国際連合の本部ビルの設計委員会に、国民政府代表として出席した（記念写真ではル・コルビュジエとニーマイヤーの間に立っている、本書一五頁）。

解放後は中国建築界の指導者として活躍し、一時はその芸術至上主義の建築観が批判されたこともあった。七二年に亡くなった。

戦前の日本では『現代建築』誌に彼の小論文が掲載されているのが注目される。三九年九月号の第四号の「大陸建設特集」では、前川國男の「上海」や高山英華の「大同都邑計画覚書」などと並んで、梁思成の「新中国建築への道」が載っている。訳者は関野克《まさる》である。

論文の内容は、表面的には日本の政策に友好的心情で執筆されているが、関野は注記のなかで、梁思成が反日的になって雲南方面へ逃亡したことに言及している。このような記事が、よくも当時の検閲のなかで咎められずにパスしたものだと思う。

富本憲吉

## モダンリビングの先駆

和室のない富本憲吉の自邸

わが国の近代陶芸に大きな貢献をした富本憲吉は、第一回重要無形文化財技術保持者（人間国宝）に認定され（五五年）、文化勲章を受章（六一年）した。父祖直伝の窯元の後継者ではなく、東京美術学校図案科（建築専攻）の卒業生であった。

東京美術学校図案科の創設は一八九六（明治二九）年で、当初から建築教育が行われていた。富本憲吉は〇四（明治三七）年に入学し、二年目から建築と室内装飾を専攻した。教授の大沢三之助（東大一八九四年卒）は、建築装飾史、日本・東洋建築史、製図、建築学、家具史、西洋文様史などを教えていた。富本の在学中、〇七年には前年に東大を卒業した岡田信一郎が教官となり、建築学、製図、西洋建築史を担当した。

富本は〇七年に「東京勧業博覧会」にステンドグラス図案が入選し、卒業は〇九年になっているが、前年に卒業制作の「音楽家住宅設計図案」を提出して、私費留学生としてイギリスへ出発した。当時はウィリアム・モリスを中心とするアーツ・アンド・クラフツ運動の最盛期で、富本は大きな影響を受けた。

一〇（明治四三）年に帰国し、東京で陶芸家のバーナード・リーチに出会った。一一年には大沢三之助の勧めで清水満之助店（現在の清水建設）に入り製図工となった。東京勧業博覧会で二等一席に入選した紳士住宅図案は、目録では岡田信一郎と上司の田辺淳吉（東大〇三年卒）の表記になっているが、富本の作品と判明している。この年からリーチなどの友人との交流により工芸に熱中し始め、五月には奈良へ帰郷して実家にアトリエを設け、木版画、染織、

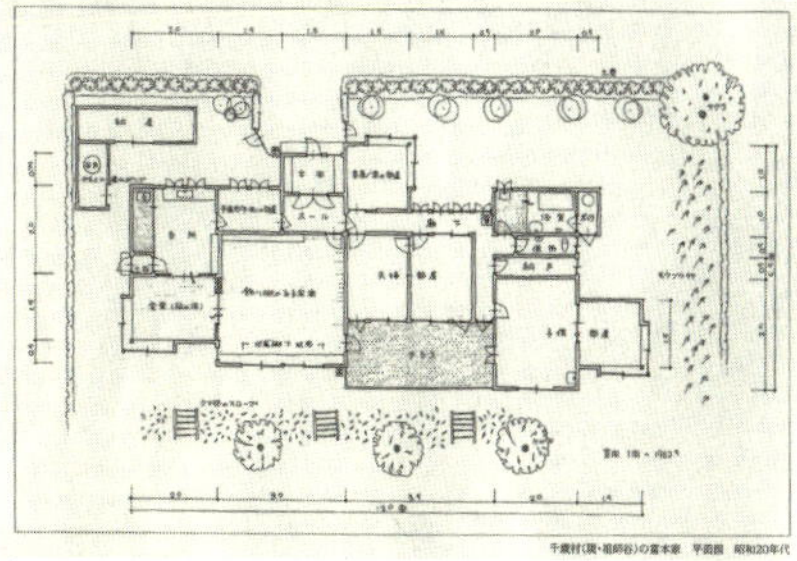

自邸平面図

刺繍、革細工などの制作に取り組んだ。翌一二年には楽焼きを試み、それ以降は陶芸を中心とする創作活動へ向かった。

このような経歴を踏まえて、富本の創造の根底に建築芸術への強い関心が反映していると指摘したのは、美術評論家今泉篤男の七〇年のエッセーである、と美術評論家の山田俊幸が記している。

二〇〇六年松下電工汐留ミュージアムで「富本憲吉のデザイン空間」展が開かれたが、展示の中でくぎづけにされたのは、二七年の世田谷、千歳村の自邸平面図である。これは富本が描いた図面ではなく、遺族が記憶をもとにして復元作成したものである。

すべて洋間で和室はなく、二室続きの夫婦部屋、東南に独立した二室続きの子供部屋、客間と記入されているが、別に書斎兼客間もあるので、家族全員も集まる居間の広さは三間×三間である。当時の日本の中流階級の住宅では異例といえよう。

図録には孫の海藤隆吉のエッセーが載っていて、この住宅の詳しい解説になっている。設計のコンセプトがイギリスのカントリーハウスであるという、自らの体験による指摘は興味深い。富本が設計したこの住宅で連想したのは、同じころの藤井厚二の聴竹居(二八年)である。DOCOMOMOに選定されたこの和洋の生活様式の融合を目指した住宅と比べて、外国生活を経験した富本は洋式生活を試みて設計したのである。これは住宅史上の貴重な事例である。戦後のモダンリビングの先駆ともいえよう。

ちなみに亡くなる前年の六二年の京都の邸宅は、東京美術学校の後輩である吉村順三の設計であった。

今和次郎の卒業制作「乳母車」

## 東京藝大建築科の教育とはなにか

創設百周年記念誌の興味深い記述

東京藝術大学美術学部建築科は、入学志望者にとって難関として有名である。定員一五人で応募倍率が三〇倍を超す年もあるという。

その百周年記念誌は『［ケンチクカ］芸大建築科一〇〇年建築家一一〇〇人』と題されている。この種の刊行物は一般に部外者に頒布されないので、市販なのは好ましい。製本が未完成のままの装丁はユニークさをねらったものである。

興味深い記事が多いが、紹介は一部にする。

冒頭で今和次郎の卒業制作の「乳母車」が採り上げられ、着色図案とともに今井兼次の文章（七七年）が併載されている。まだ図案科だったとはいえ建築教育が実施されていた時期に、このような生活用具の美しいデザインの制作は、後年の活動の原点を示すものである。

海老原一郎の「実測旅行の思い出」は、学友四人で岡田信一郎から「金を借りて」四〇日間、京都の茶室などを実測し、実測図を文部省に買ってもらって返金し、残金で遊んだという逸話である。自発的な学習の意欲と教師の理解ある思いやりが伝えられる。

吉村順三の「私はなぜ新宮殿の設計から手を引くか」の論文は、日本の建築史上で最重要な意義をもつものであり、この本の価値を高めている。

他の章にも貴重な論評や対談が少なくなく、同窓生や教師だけでなく、外部の執筆者による援用や補足も注目される。磯崎新、黒石いずみ（東大卒）、大沢匠（日大卒）、林昌二（東工大卒）、長谷川堯（早大卒）などである。

『［ケンチクカ］芸大建築科 100 年建築家 1100 人』

「レビュー」の項の中でいくつか触れよう。「水谷武彦と山脇巌のバウハウス留学」では、帰国後に教師となった水谷がなぜ戦時中に追放されたか解明されていない。「日本と韓国の伝統と創造」の金壽根との対談は、磯崎の故郷の新聞からの再録である。「美校建築科草創の人大澤三之助」には教え子だった富本憲吉と肩を組んだ珍しい写真が併録されている。「創宇社と美校イデオローグたち」は当時の社会主義運動の一端を論じている。

「群像」のコラムは一〇人、掲載順に海老原一郎、吉村順三、宮脇檀、金壽根、村田豊、山本学治、今和次郎、吉田五十八、岡田信一郎、清家清である。山本と岡田は東大出身の教師である。説明はすべて佐藤雅夫（東海大卒）による。

巻末の「卒業生の受賞歴」は日本建築学会賞に限定されていて、文化勲章や日本芸術院賞は対象にされていない。したがって、前田健二郎や海老原一郎の名は見当たらない。

その他に、教師の天野太郎はライト門下と記されているが、ライトの許で建築史上重要な協力をした同窓の岡見健彦についての言及はない。

母校が日本における建築家養成のエリート校であるという自負心によって編集されているこの本のもっとも大きな特色は、巻末のアンケートである。「あなたが思う、芸大建築科（芸大教育）の特徴と得たものは？」という設問に対して、ほとんどが賛美の見解を寄せているのに、「甘やかされて育ちすぎてしまったため、頭を下げて仕事を取ることが苦手なこと」という本音もあるのは見逃せない。

渡辺仁

## 建築史家に無視される建築家

渡辺仁の再評価をめぐって

渡辺仁を前川國男の好敵手とみなす構図は神代雄一郎によるものである。日本の近代建築史（『建築学大系 九』五八年）の東京帝室博物館と第一生命館の図版では、それぞれ前川の応募透視図と渡辺の作品の竣工写真を上下に並べている。

その他の設計競技では、東京市庁舎（三四年）が一等渡辺仁工務所（宮地二郎）と三等前川國男、ひのもと会館（三六年）が一等前川國男と二等渡辺仁工務所（大沢浩他二名）であった。また、渡辺は日本放送協会関西支部局舎（三二年）では一等と佳作、前川は大連公会堂（三八年）では一等と三等の成果をあげている。

渡辺に設計競技にまつわる事情などを聞いたのは六一年だった。用件を済ませてからの雑談だったのでメモをとっていない。記憶している内容を断片的に記してみよう。

設計競技では一等を狙って、徹底的に審査員の顔ぶれを研究した。目標とした建築家は岡田信一郎、設計競技の成果やデザインの多様性には敬服させられた。

建築設計は他の分野と違って「脱亜入欧」ではなく、伝統的な和風も「こなす」ことが肝要である。意匠は「社会の要請」や「施主の意向」に応じるのが当然ではないか。

建築で最も重要なのは「堅牢」につくることで、それは構造、仕上げ材料、設備などすべてに及ぶ。二×四構造について関東大震災後の導入や戦後の適用にも反対したのは、日本の木材に「保釘力」が少ないからである。占領軍の国産材を用いた宿舎が短期間に損傷しているのは予測できた。

旧原邦造邸、現原美術館

空襲で焼け残った建築の多くは、占領軍に接収されたが、第一生命館や和光（服部時計店）や横浜のホテルニューグランドなどの渡辺が設計したものは、主要任務に転用された。そのことに話題が及ぶと、短く「頑丈」だとみなされたからだろうと語るだけだった（「　」をつけたのは印象深い彼の言葉である）。

これらの建築に加えて、渡辺が手掛けた建築として上野の東京国立博物館が有名である。その周辺に付属の別館が他の建築家の設計によって次々と建てられているが、存在感としては渡辺の作品が際立っている。

銀座四丁目の和光は有楽町の日劇（存在せず）とともに大都会の繁華街の象徴として、映画などで日本中に知れ渡っているが、それらを設計した人物はまったく知られていない。

二〇〇五年にはＤＯＣＯＭＯＭＯ・一〇〇選に旧原邦造邸（三八年）が加えられた。海外の作品研究の形跡は感じられるが、カタカナのレの字形のプランは、いまもなお住宅デザインとして前衛である（この建築は占領軍のゲストハウスを経て外国大使館に転用され、返還後の現在は原美術館となっている）。

しかし、建築史家のなかには渡辺仁を認めまいとする向きもいる。稲垣栄三（『日本の近代建築』五九年、七九年）と山口廣（『新建築学大系 五　近代・現代建築史』九三年）は、東京帝室博物館に関して、それぞれに、図版の設計者の記入を欠いたり、前川の文章は引用しても渡辺の名前を除いたりしている。

このように、渡辺仁の建築作品の再評価は必ずしも容易ではないのである。

村野藤吾
（写真提供：MURANO design）

## 戦時下の無筋コンクリート建築

村野藤吾の石原産業

わが国のインターナショナル・スタイルの建築の代表例といわれる堀口捨己の若狭邸（三七年）の構造は特異であった。

六六年刊行の『近代建築図集』の編集の時、六四、六五年ころと思うが、日本建築学会の会議室での打ち合わせの最中に森田茂介が突然現れ、いきなり若狭邸の構造について知っているかと切り出した。十数名の委員たちはあっけにとられ、先輩も黙ったままで誰も答えられなかった。研究不足をたしなめるような口調で、一階だけがRC造で二階は木骨造であり、鉄筋が入手できなくなって変更した結果であると説明してくれた。

太平洋戦争が近づくと、建築向けの鉄鋼材はほとんど少なくなり、ついには無筋コンクリート造の建築さえ出現するに至った。四一年に竣工した大阪の石原産業海運株式会社の本社である。この時期に八五〇坪近い規模の建物が実現できたのは軍需関係の企業だからであろう。その設計者は村野藤吾であった。

この建築を見学したのは六〇年、水谷頴介に教えられたからである。道路側の壁状柱の列柱デザインが印象的で、表面の溝は量感を減じる効果を発揮していた。その手法は古典建築以来のものであるが、とくにヨゼフ・ホフマンの二五年のパリ万国博（装飾）のオーストリア館の外観に類似していることに気づいた。

全体は、ドライエリアを設けた半地階、一階、二階、小屋裏の屋階と四層の構成であるが、道路側に低い塀があって半地階が隠されて勾配屋根の二階建てに見えた。八本の壁状柱の見

石原産業外観

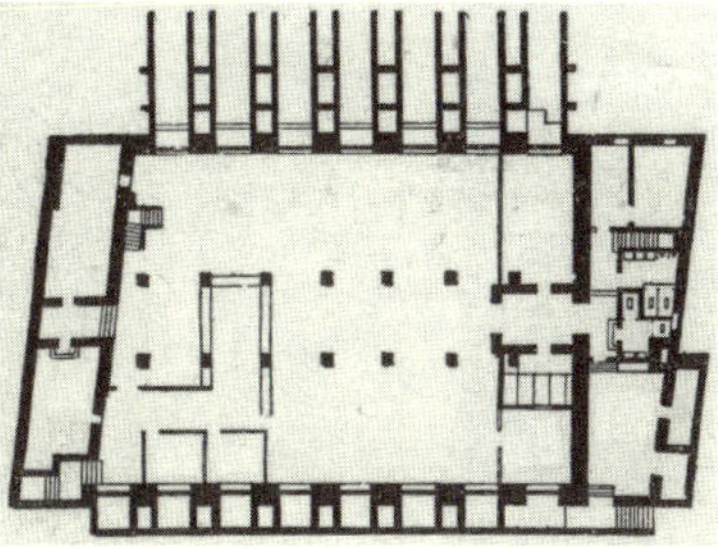
石原産業平面図

付は大きく、柱間もほぼ同じ寸法である。これが無筋コンクリート造であり、内部の梁、床組、小屋組はすべて木骨造であった。

村野は、竣工当時に『建築世界』誌（四一年七月号）だけに発表し、戦後の作品集では記録の表示のみだった。最近の建築年表では、資料不足の故か、説明は適切でなく、研究の難儀が推測される。

建築資材の不足を補うために、戦時中はさまざまな工夫や考案が要請された。代用セメント、竹筋コンクリート、木造の大スパン構造（新興木構造）などである。断片的な資料は残っているが、今日その全貌は把握しにくい。

鉄筋を節約するためにRC造の剛性の規制緩和さえ行われた。それに従った建物が、耐震性の低下のために阪神淡路大震災で崩壊したという指摘もあり、影響は現在にまで及んでいる。このような劣悪化は「負」の建築技術というべきものである。国家権力によって多くの建築関係者が、それを遂行せざるを得なかった不幸を忘れるわけにはいかない。

石田繁之介は、「釘打接合による木構造」と「代用セメント」に関する記事を収録した著作を刊行した（『三井の建築六十年の軌跡』相模書房、二〇〇三年）。これらは自らの体験の貴重な証言である。これを読んで大学の教科書だった『木構造』（竹山謙三郎、五一年）を思い出した。戦時中の研究の集成であったが、設計活動を始めてそれが活用されることはなかった。

吉田鉄郎

## インターナショナル・スタイルの「邸宅」

吉田鉄郎の知られざる傑作

一九三八年の『国際建築』誌八月号は「現代住宅特集」であった。日本の建築家の作品の三件に続き、外国のそれは一八件が掲載された。ノイトラやシャロウンなど錚々たる有名な建築家の作品が並んでいる。巻頭の與志田鐵郎の「B氏の住宅」は、欧米のものに遜色なく、むしろ凌駕するほど高い水準のデザインである。

表題で住宅ではなく、故意に「邸宅」としたのは、今日の一般常識と異なるからである。まず敷地はかなり広大で、不整形だが、推測すると、東西方向が最大で三八〇メートル、南北方向が二八八メートルもある。プランでは、使用人の三帖の書生室と八帖の女中室があり、玄関の他に内玄関もある。また日光室という部屋があり、乗用車二台分の車庫もある。構造は鉄筋コンクリート造、一部鉄骨造の二階建てである。外壁は白色長手タイル貼で、主要開口部には、「防盗設備」(設計者の用語)のために通風を考慮した穴開き電動シャッターがある。あえて「大邸宅」としなかったのは建築面積が四三四平方メートルと、それほど規模が大きくはないからである。

この邸宅が三年後の『現代住宅 一九三三〜四〇〈三〉』(国際建築協会、四一年刊)に収録されたとき、すぐ前に「B氏の住宅」葦田哲郎設計が載り、続いて與志田鐵郎設計の方は「B氏の郊外住宅」と変更されて並んだ。これらの二種の設計者名は吉田鉄郎の捩《もじ》りだったのである。変名にしたのは逓信省の官職にいたので、私的な仕事を区別するためだったに違いない。「邸宅」は『吉田鉄郎作品集』(六八年)では「馬場氏烏山別邸」となっていて、施主の名と

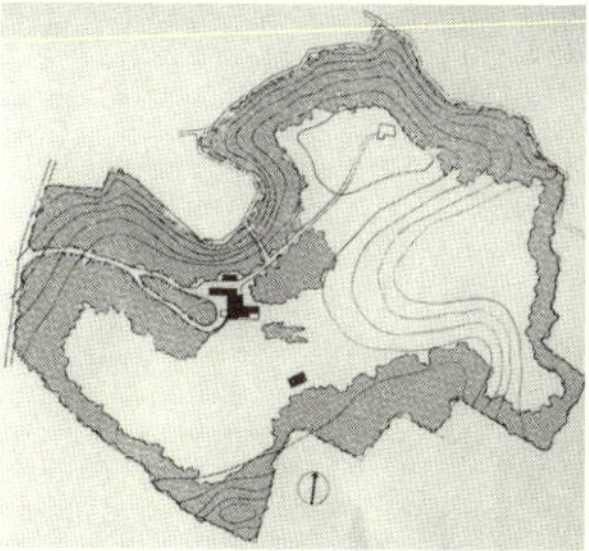

馬場邸、配置図と外観

所在地が世田谷区であることが判明する。馬場家は、廻船問屋を営む裕福な家柄で、現在の富山大学の前身の、旧制富山高等学校の創設の資金を提供し、小泉八雲の蔵書を入手して寄贈したことが知られている。吉田鉄郎は富山県出身だったので、見込まれて早くから和風の牛込本邸に続いて一連の馬場家の邸宅や別荘を設計したのである。

馬場家烏山別邸が建築史の資料に登場したのは『近代建築史図集改訂版』（彰国社、七六年）であり、そこでは竣工が昭和一〇年となっている。設計者自身の解説の末尾では「昭和一二年春起工、同年暮れ竣工」となっているので、これは明らかに誤記である。

不可解なのは、同じ日本建築学会編のその後の『日本近代建築総覧』（八〇年）と『総覧日本の建築　第三巻／東京』（八七年）には載っていないことである。これらの排除がいかなる理由によるのか不明である。

また、「モダニズム建築一〇〇選」（『建築雑誌』、二〇〇三年一〇月号）でも見当たらない。

この馬場家烏山別邸を樋口清は、「吉田鉄郎の住宅」（『住宅建築』、二〇〇五年二月号）という論文で取り上げて高く評価している。内部をも見学した上で、その史的意義やデザインの特徴などについて的確に論評している。拙稿はそれを参照し、なるべく重複のないように、建築そのものについての愚考は割愛した。注目すべき樋口の論文の併読を勧めたい。

東京と大阪の両方の中央郵便局の存続が危ぶまれている時期に、改めて吉田鉄郎のインターナショナル・スタイルの傑作の「邸宅」を再考すべきではなかろうか。

## ドイツ語で書かれた『日本の住宅』

### 吉田鉄郎の名著がやっと翻訳

建築家・吉田鉄郎（一八九四～一九五六）は日本の近代建築の旗手の一人であった。逓信省時代の東京と大阪の中央郵便局の代表作のほかに数多くの作品があり、その他に注目すべきいくつかの著作を残した。

とくにドイツ語で執筆した『日本の住宅』（三五年）、『日本の建築』（五二年）、『日本の庭園』（五七年）の三部作は、日本文化を外国人に伝える貴重なものとして高く評価されてきた。『日本の住宅』は刊行以来のベストセラーであった。

日本人自身による日本文化の啓蒙書として、新渡戸稲造の『武士道―日本の魂』、岡倉天心の『茶の本』に比肩できるものとみなされている。

しかし多くの日本人にとっては長い間、その内容を知ることができなかった。ようやく二〇〇二年六月にその日本語版が刊行され、その不都合が解消された。なんと半世紀以上も過ぎた六七年後なのである（五三年に日本建築学会賞を授与された『日本の建築』でさえ、日本語版は二〇年後の七二～七三年の二分冊の刊行であった）。

『日本の住宅』の刊行と前後して、日本の建築文化について数多い著作を発表したドイツの建築家ブルーノ・タウトの研究や考察に、吉田鉄郎の助力があったことは知られていた。

内田祥哉《よしちか》は「多少の極言が許されるならば、国内ではタウトという外人を通じて日本人に日本の建築の美しさを教え、海外では自らの筆で、同じ主張を述べたのであった」と指摘している（『建築家・吉田鉄郎の手紙』向井覺・内田祥哉編、六九年）。

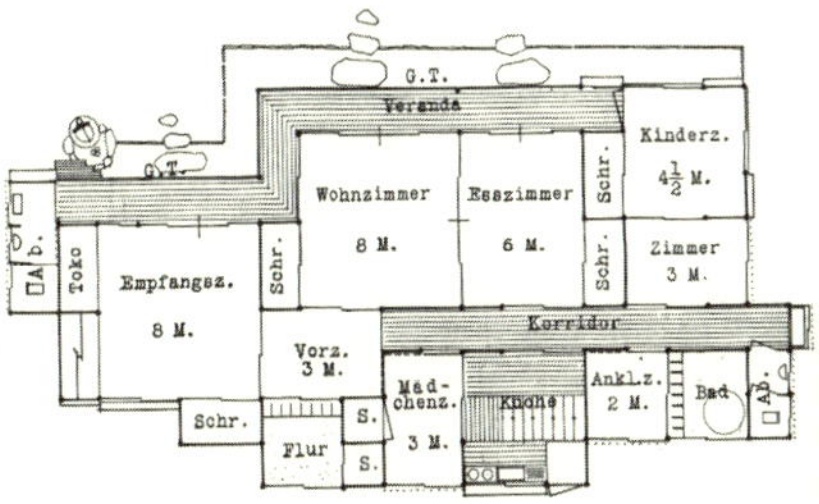


『日本の住宅』より

おそらくこのことが、日本語版の刊行に吉田が応諾しなかった最大の理由であろう。

吉田は「はじめに」のなかでドイツの建築家たちが日本の住宅建築に大きな関心を持っていたことに驚いたと記している。

吉田の帰国後の三三年に刊行されたG・A・プラッツの『現代の住居空間』のなかに、堀口捨己、土浦亀城、柘植芳男、藤井厚二などの住宅作品が載ったのはその反映であろう。資料提供は小池新二であった。

『日本の住宅』の出版を勧めてくれたのは「フーゴー・ヘーリンクとルードヴィッヒ・ヒルバースアイマーの両氏」であると言及しているが、これは二〇世紀建築の興味深いエピソードである。おそらくヴァスムート社に引き合わせたのも彼らに違いない。一〇年にF・L・ライトの『作品図面集』を刊行して、世界の建築界に大きな影響を及ぼした一流の出版社である。

吉田がドイツ語に堪能だったのは、デッサウのバウハウスを訪問した時に、日本建築について講演をしたことが物語っている。

むしろ、この本でもっともユニークなのは、吉田の試案による三五年当時の日本の住宅の一五例の平面図集である。技術的な詳細資料も、歴史家ではなく建築家ならではの主張の表れであろう（巻末の木割による断面寸法のリストが、部下で協力者だった沢寅吉の作成によることが後に明らかにされた。前掲書、一九四頁）。

今回の日本語版が、五四年の改訂版ではなく三五年の初版にもとづいていることの意義は大きい。それは国際的に広く知られた吉田鉄郎の名著だからである。

## 『日本の庭園』が四八年後に翻訳刊行

### 完結した吉田鉄郎三部作の日本語版

吉田鉄郎者『日本の庭園』の日本語版が刊行された。これでドイツ語による三部作がすべて読みやすくなった。

日本庭園の既刊書とは別に、あえて本書を執筆した吉田の意図は、「近代建築は依然として庭園と密接な関連をもっており、その関係をさらに深めていくことは今日の重要な課題のひとつである。日本の庭園から学ぶべきことは決して少なくないだろう」という文章に表明されている。これによって、外国人向けの紹介書を越えて、建築家の創作活動の指針となることをも考慮したことがわかる。

『日本の庭園』は吉田の最後の著作である。原書の刊行は五七年であるが、それを手にして見ることなく、前年の五六年に亡くなっている。最初の『日本の住宅』は三五年刊、次の『日本の建築』は五二年刊である。その間の年月は建築家吉田鉄郎の空白期ではなく、大阪中央郵便局などの設計活動に専念した多忙な充実期であった。『建築』の構想は早くからいだいていたが、逓信省を退官して四六年に日本大学教授となってから執筆したものと推測される。『建築』は五三年に日本建築学会賞を受けた。

次の『庭園』は難航した。四九年に脳腫瘍が発見され、病床に伏すことが多くなったからである。それを実現させたのは、勤務をともにしたことのない吉田を敬慕する東大建築学科出身の郵政省の後輩であった。吉田の謝辞には、森俶郎（四八年卒、ドイツ語の口述筆記）、尾崎一雄（五二年卒、写真撮影）、岩井要（五四年卒、写真撮影）、ほかに小林邦夫（図面作成）の名前

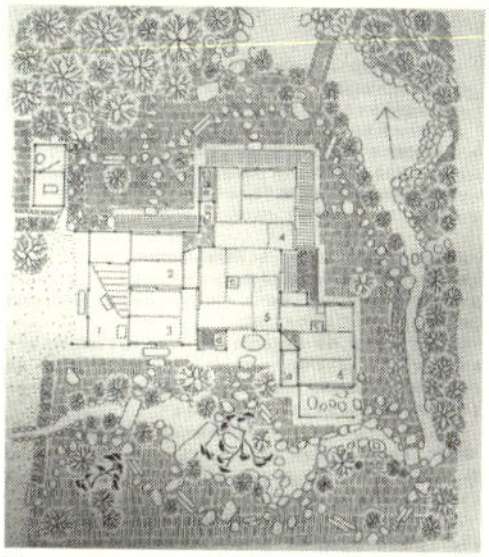

『日本の庭園』より、仁和寺の茶室〈遼廓亭〉と庭園

が記されている（生前の尾崎が吉田の写真アングルについての指示が厳しかったと語ったのを思い出す）。九四年に第二章までの日本語訳を発表したのは薬師寺厚《ひろし》（三七年卒）であった。

四八年後の日本語版は、同じく吉田を敬慕する日本大学建築学科の出身者によって実現した。近江榮（五〇年卒）だけは教え子であり、『吉田鉄郎建築作品集』の解説の中ですでに三部作に言及し、今回は「監修者まえがき」を寄稿している（近江は二〇〇五年一月三一日に逝去したので遺筆である）。訳者は大川三雄（七三年卒）と田所辰之助（八六年卒）である。ちなみに『住宅』に続いて編集したのは川嶋勝（九六年卒）である。

建築家として近代日本を代表する吉田鉄郎の偉業がようやく日本語として完結したことは喜ばしい。絶版になることなく読み継がれることを望みたい。

惜しむらくは、訳者後記である。本書を近代建築家による日本庭園研究の系譜の中に位置付けようという趣旨らしいが、谷口吉郎について「庭園論としてまとまった論考は残されていない」と記している。

「ベルリンの庭園」（『雪あかり日記』四七年、所収）や『修学院離宮』（五六年）における、豊かな学識にもとづいた鋭い洞察の谷口の日本庭園論にまったく触れていない。吉田と同じ北陸地方出身で四高・東大の後輩であっただけに、残念でならない。

古茂田甲午郎（写真提供：安藤建設）

## RC造校舎を推進した建築家

### 復興小学校を陣頭指揮した古茂田甲午郎

『建築雑誌』二〇〇三年一〇月号に「モダニズム建築一〇〇選について」という活動レポートが掲載され、そのリストも発表された。八八年にオランダのフーベルト・ヤンヘンケット教授の主唱により、「近代運動にかかわる建築・周辺環境調査および保存」を行う国際組織のDOCOMOMOが結成され、その支部のDOCOMOMO・JAPANと日本建築学会の建築歴史・意匠委員会が協力して作成したものである。対象は二一年から七〇年までの期間に竣工したものとなっている。

一読して疑念をいだいた。それは一九番目の「四谷第五小学校」の設計者が「東京市建築課（鈴木忠雄）」と表記されていたからである。おそらくこれは『近代建築史図集』（七六年版）の記載を踏襲したものだろう。刊行時に異議を感じたが、専門家に論争を挑むより、機会があれば訂正の論証を試みようと考えた。

八一年一二月『新建築』誌の臨時増刊『日本の建築家』に「東京市役所の建築家たち」を発表し、その中で「四谷第五小学校」の設計者を古茂田甲午郎とした。三四年の竣工後に来日中のブルーノ・タウトが案内されて、「新宿には、古茂田氏が設計したモダンな新築校舎（小学校）がある。明快堅牢であるばかりでなく、風土に対する適切な配慮は、広い開口部や校庭へ下りる階段などによく示されている。こういうすぐれた建築は、幾多の災害の経験そのものよりも建築界に多くの革命をもたらすことができると思う」と記している（『日本　タウトの日記　1933～1936』篠田英雄訳、岩波書店、五九年）。

四谷第五小学校

前年の三三年五月三〇日には、赤坂の氷川小学校についても印象と感想を記して、古茂田が「東京市内で既に八〇（?）校も建築し」ていたと付け加えている。訳者は一〇〇校以上と注記している。このことに関して村松貞次郎は「震災で破壊・焼失した東京市の小学校は一一六校、これに一校を加えて一一七校が鉄筋コンクリート（一部鉄骨）で復興された」と書き、古茂田が外国で『more than hundred』（一〇〇校以上）と豪語したと伝えている（『日本建築家山脈』鹿島出版会、六五年）。

拙稿の掲載誌が発刊されてまもなく、建築家の杉浦巴の訪問を受けた。彼は戦前に東京市役所建築課に勤務していて、古茂田の仕事を高く評価していたが、近代建築史家の言及が少ないので、拙稿の中で、古茂田だけでなく東京市役所の建築家たちの業績をも評価すべきだ、と指摘しているのはうれしいと語った。

『図集』の設計者の記載は適切でなく、部下の担当者は上司の設計方針に従ったので、併記ならばともかく、有名なガラス張りの階段空間を含めて、四谷第五小学校のデザインは古茂田の創案だというのであった。それ故『総覧 日本の建築 三 東京』の永田町小学校の解説の同じ担当者の表記も妥当ではない。この学校の床暖房などの最新設備も古茂田によって導入されたもので、彼はプラン、構造、設備などのすべての分野で万能だったらしい。

その後拙著『巨匠への憧憬』では、ブルーノ・タウトが三五年にフランスの *L'Architecture d'Aujourdhui*（今日の建築）誌四月号に発表した、「日本の新建築」という大論文で古茂田の「四谷小学校」を取り上げ、見開き二ページに五葉の写真と配置図を載せ、ARCHITECT KOMODA と記していることを紹介した。

九段小学校

建築史家たちがあまり取り上げないこの建築家の素描を試みよう。

古茂田甲午郎は北茨城市の出身、生年は一八九四（明治二七）年である。一六年に旧制一高を卒業、東京帝大工学部建築学科に進学し一九年七月に卒業した。卒業設計は当時流行の公共建築の「公会堂」、卒業論文は級友一六名と同じ「我国将来の住宅建築」であった。同期には吉田鉄郎がいて、一年後輩の堀口捨己、山田守、石本喜久治たちは分離派建築会を結成した。

佐野利器の推輓で文部省建築課に入ったが、震災の翌二四年には東京市建築課へ移った。古茂村松貞次郎は、局長になった佐野が子飼いの弟子を手元に呼び戻したとみなしている。古茂田は学校建築課の係長となった。課長は渡辺浚郎（東大〇三年卒）で、佐野や大熊喜邦や佐藤功一と同期であった。耐震耐火のRC造校舎の建設は佐野の方針であり、古茂田はその課題の達成に専念することになった。

東京市の復興小学校は、当初は窓の上部にアーチのある表現派風のデザインで始まったが、三〇年代にはインターナショナル・スタイルへと変化した。それは、古茂田の二九年七月から三〇年三月にかけて、アメリカ、ドイツ、オランダ、ベルギー、フランス、イギリス、イタリアなどの欧米諸国を訪れた視察旅行と関連があると推測される。短期間ではあったがブルーノ・タウトの事務所で研修したと伝えられている。

忍岡小学校（三一年）から四谷第五小学校（三四年）まで一連のインターナショナル・スタイルの小学校が竣工し、来日したタウトはそれらを見て高く評価した。

古茂田は小学校だけでなく、新設の東京市立一中と二中にも関与した。三名の子息を名門校の誠之小学校から市立一中へ進学させたほど、自らの作品に誇りと愛着を抱いていた。

古茂田の功績は東京市の数多くの学校建築の復興だけでなく、その成果を各種の刊行物によって全国に広く伝えて、ＲＣ造校舎の普及の推進に貢献したことも大きい。

建築学会パンフレットの『東京市の小学校建築』（二七年）や高等建築シリーズの『学校建築』（柘植芳男と共著／常磐書房、三五年）は参考書として影響が広まった。『学校建築』（推定三一年、発行所不詳）では、アムステルダムのヨハネス・ダイケル設計のオープンエア・スクールの図版を載せて新しい保健施設を論じ、研究の一端を裏付けている。

三八年に東京市役所建築部第二工営課長兼第三工営課長となり、三九年には第一工営課長となったが、四〇年六月には退職して川崎重工業株式会社営繕部長に転じた。その背景には、関西の古刹仏閣に惹かれたことと、海軍に入った次男の影響で国策の軍需施設の建設に従事する決意があったからだろう、と三男の真幸が伝えている。

敗戦後、四六年に退職し、建設工業界の団体の役員となった。その活動の一部は『建設業の五十年』（槇書店、五三年）の中でうかがわれる。

五二年専務取締役として株式会社安藤組に入社、営業活動の実績により、六一年社長に昇格、六二年改称された安藤建設株式会社社会長となり、六四年に相談役、六五年退職した。

六五年九月、東海大学大学院教授に就任、主に生産工学の講義を担当、八二年六月二七日の死去まで在籍。享年八八歳。

石川純一郎

気になる石川純一郎の扱い方

## ゼネコンの作品を冷遇する建築史家

わが国の近代建築史には大きな偏見がある。それはゼネコンの設計施工の建築作品の冷遇である。画期的なデザインの成果であっても、正当に評価されない事例が少なくない。建築史家の神代雄一郎は『建築学大系・六・近代建築史』(彰国社、五八年)のなかで、京都朝日会館(三五年)の図版とともに設計者を石川純一郎と表記した。しかし明治大学大学院で神代に師事した山口廣は三五年後の『新建築学大系』では、この作品を取り上げていない。

村松貞次郎は建築史家のなかで、ゼネコンの設計施工の作品を積極的に認知しようとした数少ない一人であった。『日本建築家山脈』では「建設業の建築家たち」の章を設け、「竹中工務店」の項で石川純一郎とその作品に言及した。東京大学大学院で村松に師事した藤森照信は『日本の近代建築・大正昭和編』(三省堂、九三年)のなかで、京都朝日会館も石川も取り上げていない。

村松も『竹中の歩み』(七四年)のなかでは、京都朝日会館は取り上げていないし、藤井厚二や石本喜久治の竹中時代の仕事には言及しているのに石川には触れていない。

石本が担当した山口銀行東京支店(二三年)を『近代建築史図集』では、設計者を石本喜久治個人として、竹中工務店の表記はどこにもない(なお、この『図集』は三回刊行されたが、いずれにも京都朝日会館はない)。

村松が企画・編集した『日本の近代建築(明治・大正・昭和)第一〇巻日本のモダニズム』(近江榮・堀勇良著、八一年)の末尾の広告ページでは、この巻に「登場する」建築家の名前が列

京都朝日会館

白鹿館　（写真提供：竹中工務店）

挙され、そのなかに石川純一郎は含まれているが、肝心の本文の方にはない。

石川純一郎（一八九七～一九八七）は横浜に生まれ、四高を経て東京帝大建築学科を一二（大正一二）年に卒業して竹中工務店に入社した。卒業同期には岸田日出刀、土浦亀城などがいた。竹中にはすでに二年先輩の分離派建築会のメンバーの石本喜久治がいた。

石川の初期の作品で今日でも注目したいのは、三〇年の「白鹿館」（醸造工場）である。卒業設計は「Design for a Grain Tower」（穀物貯蔵塔のデザイン）という産業施設であっただけに、それを踏まえた機能重視の簡潔なデザインである（資料では設計担当が構造の青柳貞世と連名になっている）。

朝日ビルディング（三一年）、東京宝塚劇場（三四年、鷲尾九郎と連名）、京都朝日会館（三五年）、名古屋朝日会館（三七年）と続くデザインは、日本の大都会の新たなシティ・スケープのランドマークを形成した。それらは「日本のモダニズム」建築の新鮮な表現の達成であった。石川は京都朝日会館に関して「新日本主義的新興形式」と銘打つほどの自負心を抱いていた。

この建築のカーテンウォールは、大阪朝日ビルディングのジュラルミン、名古屋朝日会館のガラスブロック壁の採用とともに、当時のデザインの技術的水準の指標ともみなされる。

来日したノイトラとグロピウスは、日本建築学会がゼネコンの設計施工の日活国際会館に作品賞を与えたことを批判・非難した。これは建築界の一部を動揺させた。それ以来の後遺症とは考えたくないのだが。欧米と制度の異なる日本のゼネコン設計の作品には、国立劇場、最高裁判所、新国立劇場などコンペで一位となって実現した建築があり、建築史家はそれらをどのように扱うのだろうか。

木下杢太郎

## ル・コルビュジエの本を読んだ詩人
### 木下杢太郎のエッセイについて

拙著『巨匠への憧憬』では建築家を中心とし、思想界では哲学者の土田杏村と美学者の中井正一に言及しただけだった。頁数が予定を超過したので割愛した人は少なくなかった。とくに木下杢太郎の省略は残念だったので補ってみたい。

滞日中のブルーノ・タウトは、フランスの *L'Architecture d'Aujourdhui*（今日の建築）誌の三五年四月号に「日本の新建築」という論文を寄稿し、日本社会では一般に建築家の名はあまり知られていないが、太田正雄という帝大医学部の教授が、木下杢太郎（文学）、葱南（そうなん・画家）などの別名で有名であると言及していた。

この人物がル・コルビュジエに関心があって、早くからその本を読んでいたと話してくれたのは、建築家の河合正一であった。彼が杢太郎の長男であり、太田姓でないことは説明が必要であろう。

太田正雄（一八八五〜一九四五）は一一年に東大医学部を卒業し、一七年に建築家河合浩蔵（一八八二年、工部大学校卒、一〇年の旧小寺家厩舎は重要文化財）の長女正子と結婚した。河合家に男子が絶えることになるので最初の男子で河合家を継ぐことにした。二〇年に生まれた男子は両親の一字をとって正一と命名された。（四四年東大を卒業して建築家となったので、四五年に亡くなった父親は岳父の後継者に育ったのを見届けたのであった）

幅広い好奇心の持ち主だった杢太郎は、建築家の娘と結婚した故か、建築にも造詣が深く、一八年には建築史家の関野貞が引率する修学旅行に参加して、中国大陸の建築や遺跡を見学したほどであった。

河合正一の教示によれば、李太郎の蔵書の中に、ル・コルビュジエの初期の重要な著作の『建築をめざして』のドイツ語版があり、それについて、昭和五年（三〇年）六月の一六日から一九日にわたって『東京朝日新聞』に寄稿した文中で述べているとのことだった。それは「隅田川の諸橋」というエッセイである。

冒頭で隅田川の橋を見物する前に日本橋の丸善に立ち寄って、「一冊のル・コルビジュエを求めた」（人名表記は原文のまま）と書き、「久しく評判だけ聞いていて、まだ読んだことのない前衛的建築家兼建築評論家である。ここに見出したのは、挿し絵の多いヒルデブラント氏のドイツ訳本であった」と続けている。

李太郎が *Kommende Baukunst*（将来の建築、二六年）を入手したのは三〇年四月であり、前年の二九年九月に宮崎謙三訳の日本語版『建築芸術へ』（構成社書房）が刊行されていたことは知らなかったらしい。

本来の目的の隅田川の橋を見物する前に、食事をしながら拾い読みをし、十数年前にカンディンスキーの画論を訳したことを思い出し、さらに数年前に二、三の青年建築家と知り合って「構成本位の建築論」に接したことに言及して、「このル・コルビジュエの議論はその派のための萬丈の気焔を吐くもので、その論旨はすこぶる明快であり、その調子は甚だ激越かつ扇動的である。この点、往年のカンディンスキーと軌を一にしている」と述べている。

李太郎は、ル・コルビュジエの本を読んでただちにその急進的な前衛性を感知し見抜いたのであった。

永代橋

橋の見学が念頭にあったためか、最初に訳して引用しているのは、土木技師や技術家についての文章である。

「土木技師は健剛であり、男性的である。活動的かつ実用的である。倫理的であり、又快活である。建築家は既に迷昧、爲すところがない。饒舌家に非ずんば慷慨家たるに過ぎぬ。それは何故であるか、もうやがて用のなくなる人だからである（略）。」

「技術家はそのためにこそ苦慮する。彼等は新たな建設を創めるであろう。」

丸善のある日本橋から永代橋までの電車の中から、完成してまもない白木屋（石本喜久治設計）を見て、それにちなんで建築論を展開している。

タイルの意匠の「薄肉の模様」について「これは近代的悪趣味の一の標本であるが、同時に、彫刻にいわゆるモドレエ（注：穏健性）、モルビデッス（健全性）に当たるものを排斥し去った今日の新建築の窮余の策である。」と記し、新しい傾向に批判的だった。

「新建築家はいう。鉄筋コンクリートの発明は近代工業における画期的な一大事である。その建築は出入少く、豆腐の如くだと非難せられるが、石造、煉瓦の時の厚い壁をば今は必要としなくなったのである。」

この有名な通説に対して、杢太郎は疑念を抱いていた。

「余はこの思想をなお詳しく吟味したいと思う。それは（一）〈建築の目的〉（二）〈建築における必要的実用的のものと芸術的のものとの二元性の消長〉の問題に極めて極めて重要な関係があるからである。」

しかし橋の見学が主目的なので、これ以上建築にこだわるのは断念するとして建築論を続

清洲橋

けていない。エッセイは標題の示す通り、関東大震災後に隅田川に架けられた新しい橋についての考察である。橋の多様な側面の中で、「形」の問題は「力学的美観」に関連が深いことを指摘し、それが「建築における実用性と芸術性」の問題と当面すると述べながら「この問題を回避する」と話題を橋に戻している。橋の建設に当たって「有能な技術者は居ただろうが、美術家は居なかった。」と書き、「ほとんど全都の美術の大家は新都会の美観の創作に対して大した関心を有していなかった。」と批判している。これは橋だけでなく、都市景観に関して、今日でも日本の美術界が無関心であり続けている状況の指摘の先駆けである。

（のちに杢太郎は東大建築学科の『木葉会雑誌』第三号（三七年一二月）に寄稿したエッセイの中で、橋の提案をして採用されたことを述べている。その場所はまだ突き止めていない。）

末尾に近く再度、建築の問題に戻って、装飾擁護論を展開している。さらに反装飾の動向として出現したウィーン分離派の作品や、ル・コルビュジエの書中のたくさんのさし絵や、東京の新進建築家の作例などは、「一種のマニエル（作風）をこしらえてしまった」と指摘し、後にこれらが「一種のスチイル（スタイル）として論じないと保証することが出来ようか。」と言及している。

これは二年後の三二年にニューヨークで「インターナショナル・スタイル」と命名された傾向の予見であった。

日本橋（樺島正義・妻木頼黄）

## 近代日本の橋の設計者

### 三人のキーパーソンと建築家

橋梁に関する本は数多いが、設計者を中軸にした類書はあまりなく、まさに画期的な論考である。中井祐著『近代日本の橋梁デザイン思想』（東京大学出版会、二〇〇五年）、この新鮮な表題からいかに野心的な内容であるかを推察できよう。

第一章の「近代日本の橋梁設計」では、本書の対象と目的について述べ、まず三人のキーパーソンとして樺島正義、太田圓三、田中豊をあげている。数多い橋梁設計者の中からこれらの三人を選出して、近代日本の橋梁史の根幹を論じる意図を提示する。実に際立った構想である。さらに「関連する既往の知見と本書の位置づけ」の項では、先達の研究を批判し自己の主張を披瀝《ひれき》している。その論評は鋭く、小気味よい感じの見解である。橋梁設計史の概略に続いて、三人に着目するもくろみを説明している。

次の三つの章は、樺島正義（東大〇一年卒）、太田圓三（東大〇四年卒）、田中豊（東大一三年卒）のそれぞれの経歴と仕事の概要を記述している。これらは一種の略評伝である。

樺島の章では、東京市を退職して日本で最初の橋梁コンサルタントの事務所を開設したことと、その仕事の内容に言及している。二〇〇五年末小泉首相が、景観を損ねているので上部に架かる首都高速道路の移設を指示した日本橋の設計者は樺島正義で建築家の妻木頼黄が意匠を担当したと記す。

太田の章では、鉄道省の工事課長から帝都復興院土木局長に抜擢された背景と隅田川六大橋の構想者であることを論述し、部下の疑獄事件の責任を感じて自殺した驚くべき事実に言

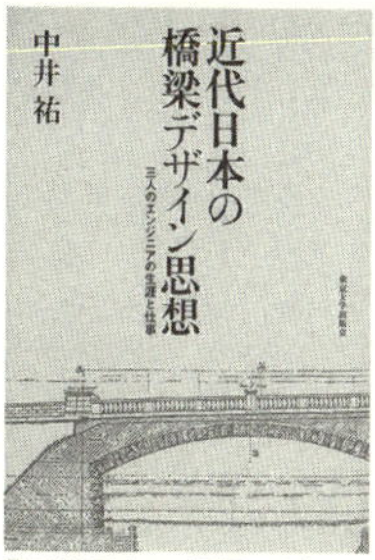

『近代日本の橋梁デザイン思想』

聖橋（山田守）

及する。太田が橋梁技術者を超えて視野の広い都市設計者だったという指摘は興味深い。

田中の章では、太田の下で隅田川六大橋の実施設計を担当し、後に東京帝国大学教授となり、橋梁界の重鎮としての影響について述べている。いずれの章も、三人による構造技術の展開の詳細な論述とともに、橋梁美という造形設計思想の考察で結ばれている。

第五章の「隅田川六大橋の設計思想とその近代性」と第六章の「日本における橋梁設計の近代性とその特質」は、著書が意図した主題の考察であり、従来の橋梁の本とはまったく異なる成果である。

興味深いのは、同時代の多くの建築家についての言及である。その中で、樺島が橋梁の意匠の上で妻木頼黄や武田五一と協力し、長野宇平治や池田稔から構造設計の依頼を受けたこと、山田守と山口文象（当時は岡村姓）が復興局の橋梁の意匠設計に関与したこと、東大土木学科で最初に橋梁美の講義をしたのが、伊東忠太であったことなどが注目される。

本書では引用されていないが、木下杢太郎（太田正雄の筆名）に「隅田川の諸橋」というエッセイがあり、その中のル・コルビュジエの本について触れた点を私はかつて紹介した（前掲）。兄の圓三が自死したことは知っていたが、詳細不明だったので言及しなかった。その真相は本書で明らかにされた。また姉のきんが建築家の河合浩蔵の後妻となり、その縁で先妻の娘の正子と杢太郎が結婚したことも知った。

杢太郎のエッセイに追記があり、読者から、兄が尽力した橋梁について批判的すぎるという指摘があったことに触れている。身内の仕事でも杢太郎は自説を曲げなかった。本書の主題のひとつである橋梁美についての論説として加えておこう。

山田守

今井兼次
(写真提供：多摩美術大学今井兼次共同研究会)

## 近代建築受容のひとつの断面

今井兼次宛て山田守の手紙から

かつて『近代建築の目撃者』として堀口捨己、土浦亀城、今井兼次、藤島亥治郎、前川國男、村野藤吾、山口文象、山脇巌の八人の回想をまとめた。その後、『建築家山田守の手紙』(向井覚編、私家版、八二年)が刊行され、それを読んで「もうひとりの近代建築の目撃者」(『新建築』八二年八月号)を書いた。存命中にぜひうかがっておきたい建築家だった。家族宛ての私信をまとめたものであるが、豊富な見聞が記録され、率直な感想を伝えていて、洋行時に乗ったドイツの新鋭客船ブレーメン号を最大の収穫と書き送っている。

二〇〇七年、山田守が今井兼次に宛てた手紙を読む機会があった。多摩美術大学美術館の「建築家　今井兼次の世界II」展で陳列されていて、教示してくれたのは子息の今井兼介で、学芸員とともに協力して解読することができた。これは近代建築の受容のエピソードとして興味深い資料である。

日付が二九年八月二日、神戸オリエンタルホテルにてと記され、外遊出航の前日に投函された手紙である。用件は今井兼次の『建築学会パンフレット 第二輯 海外に於ける建築界の趨勢』を忘れたので、ベルリンの日本大使館気付で送ってほしいという依頼であった。

今井のこの『パンフレット』は刊行当時から注目されたもので、筆者も六〇年代の外遊の折に参考にした。

第一輯は二七年に岸田日出刀の執筆で、アメリカ、フランス、ドゥースブルフの建築論、ロシア、ベルギーについて述べ、その他は省略すると付記されている。

今井の第二輯は翌二八年に出版され、緒言の中に欧米で訪問した建築家を列記し、フランス、スペイン、ソヴィエト・ロシア、フィンランド、スウェーデン、オランダについて述べ、ドイツやオーストリアについては報告していない。当時、わが国ではそれらの国々についての情報が多かったからに違いない。

両者の記述は、岸田が概説的なのに対して、今井のは体験記風である。

今井の『パンフレット』は山田だけでなく、村野藤吾や吉田鉄郎にも影響を与えている。村野がシベリア鉄道経由のルートでロシアから北欧へ向かったのは、明らかに今井に倣ったもので、チェルニホフの発見、エストベリーやアスプルンドの作品の憧憬に反映されている（前掲『近代建築の目撃者』）。

吉田鉄郎は、ドイツからスウェーデンに回り、ストックホルムからテンボムの音楽堂について今井に手紙を送っている（『吉田鉄郎・海外の旅』向井覺編著、通信建築研究所、八〇年）。戦後の『スウェーデンの建築家』（彰国社、五七年）の執筆の源は今井の「パンフレット」であろう。

複眼的な関心をもっていた今井自身は、ロシアの構成主義、北欧のロマンティック・ネオクラシズム、ル・コルビュジエなどの他に、ガウディを発見していた。

今井の晩年の作風はガウディに接近しているが、それは「受容」の真の意味の「受け入れて、自分のものとして取りこむこと」（『新明解国語辞典』）を創作の姿勢として実行したものだろう。

さまざまな分野における類似した言葉の「導入」「移入」「模倣」などよりも、この「受容」を用いた方が適切ではなかろうか。

山脇のバウハウスの学生証

## 追跡困難な戦中の建築家の行動

山脇巌のモスクワ訪問をめぐって

『近代建築の目撃者』が出来上がって編集者とともに届けに訪れた時、山脇はしばらく拾い読みをした後で、山口文象の社会主義運動の談話の内容に驚き、自分自身も左翼活動をしたことがあると語り始めた。

取材の対談の時には故意に伏せて触れなかったが、モスクワまで出かけてオルグ活動をし、メキシコへ渡る前の佐野碩（演出家・社会主義者）などにも会ったというのであった。最後に若気の至りだったとつけ加えたが、前回はまったくおくびにも出さなかったのに、山口の行動を知ってからの発言は、なにかしら負け惜しみの虚勢のようであった。

このことは山脇のオフレコの極秘の事柄だと考え、その後は発表しなかったが、『巨匠への憧憬』のなかの山脇の項の末尾で、没後一三年もたっているので貴重な記録として彼の談話の内容を略記した。

ところが、しばらくしてある建築史家から、あの話は建築家・山脇巌の経歴を歪める作り話ではないかという非難を聞かされた。これまでに発表されている関係資料のなかではどこにも訪ソの事実は発見されないと言うのである。聞き書きではなく、具体的な資料を示せとさえ迫られた。

あの談話の時は、本の完成報告という儀礼的な訪問だったので、テープレコーダーは使用しなかった。したがって、山脇の左傾のオルグ活動というのは、もっぱら私の記憶が源泉ということになる。捏造《ねつぞう》という謗《そしり》を受けても反論できないのであった。

山脇がデザインしたポスター

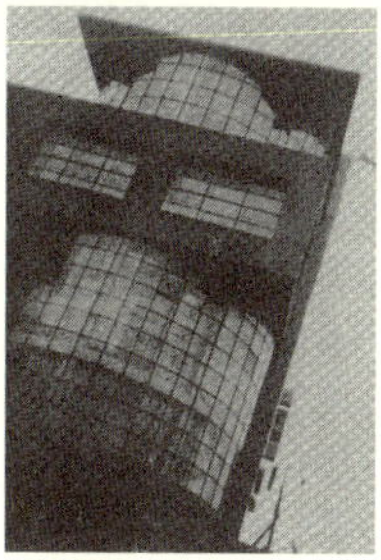

山脇撮影のモスクワ市労働組合員クラブ

その悩みの重圧からようやく解放されたのは二〇〇二年になってからである。それは、ドイツで九九年に刊行された*IWAO YAMAWAKI*という写真集を入手して、そのなかに山脇のモスクワ訪問の痕跡を見つけたのである。

山脇は渡欧前からの写真愛好者であり、バウハウスで写真コースをも受講したことは知られていた。「デッサウ・バウハウスの終焉」という、ナチス党員が横転した校舎を踏みつける図柄の写真コラージュの有名なポスターは、彼の写真やグラフィック・デザインの才能の一端を示すものである。

この写真集は、三一〜三三年の六二点の作品を収録している。そのなかの三〇から三三までの連番の四点がモスクワでの作品であり、すべて三一年一一月の日付となっている。これによって山脇のモスクワ訪問の日付が判明する。一一月七日の革命記念日に合わせた旅だったに違いない。三〇と三一の二点は、ソヴィエト構成主義の代表的建築のモスクワ市労働組合員クラブ（イリヤ・ゴロソフ設計、二七―二九年）を撮ったものである。

山脇のように、外国で左傾したが、帰国後にまったく伏せた戦前の知識人は少なくない。『欅』（アトリエ社、四二年）や『欅・続』（井上書院、七二年）などのエッセイ集で、意識的にモスクワの訪問を隠蔽したが、没後一二年たってドイツで刊行された写真集にその痕跡が残されたのである。これによって山脇評価は再検討を要するであろう。

また、私の記述の信憑性の疑いも晴れたと言えよう。

日本基督教団高輪教会

## ライトの透視図を描き直した日本人建築家

岡見健彦のはたした役割

九七年の初秋のある日、村松貞次郎の葬儀が終わって、いささか不謹慎と思いつつ、式場の高野山東京別院の近くに建っている高輪教会のことを知り合いの建築家たちに話したことがある。ライトの弟子の設計と告げると問い返され、「岡見健彦」と言うと、そんな弟子がいたのかと怪訝《けげん》な表情をする者がいた。

私がこの建築家のことを知ったのは八〇年代後半である。八七年にライトの『弟子たちへの手紙』(内井昭蔵・小林陽子訳、丸善)が刊行され、その中に「オカミ・タケヒコ、東京」と記されているのを見て、日本人なのになぜ漢字表記にしないのか疑問を感じた。当時ある論文を執筆していて、参考文献の中に「TAKEHIKO・OKAMI」という名に出会い、ライトの研究者の谷川正己に尋ねた。

谷川は自身の研究資料を添えて親切に教えてくれた。『日本の建築［明治大正昭和］』(三省堂)は全巻を所有していたが、第九巻、谷川の「ライトの遺産」(八〇年)は読んでいなかったのである。その中に岡見健彦についての記述があり、生前に会見されていただけに詳しいものであった。しかしどういうわけか、ライトの許での活動については言及されていなかった。

調べてみると、OKAMIはライトのタリアンセンで、過去の作品の透視図の描き直しの作業に協力したのである。ドイツから来たヘンリー・クラムが示唆してライトが同意し、インターナショナル・スタイルに類似したデザインへの蘇生を試みたらしい。「箱形建築」を批判していたライトではあったが、後の「落水荘」に通ずるデザインの手法は気がかりだった

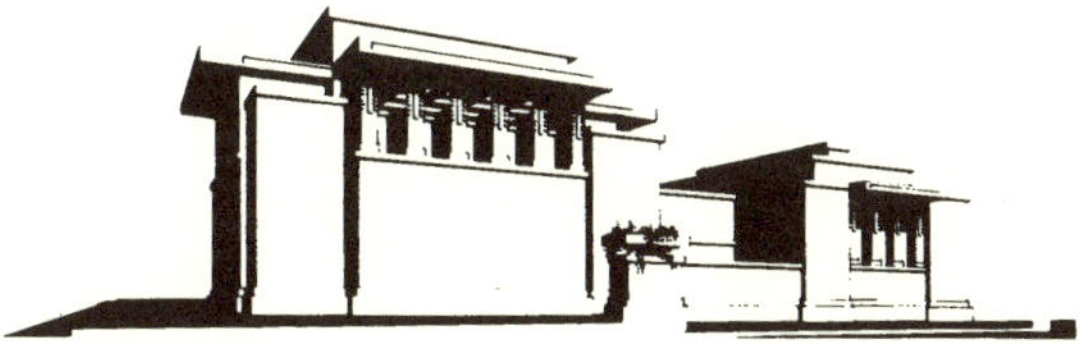
岡見健彦が描いたユニティ教会の透視図

ようである。

九四年のニューヨークの近代美術館の大規模なライト展の図録では、「ヤハラ・ボート・クラブ（〇二年）」の新しい透視図に「HK and TO」と表記し、ヘンリー・クラムと岡見健彦の共作と示唆し、他の文献では「ユニティ教会（〇六年）」の図（二九年）に「おそらく岡見健彦による」と説明がつけられている。

岡見健彦（一八九八〜一九七二）は、二五年に東京美術学校を卒業し、二八年一二月から三〇年八月までタリアセンで修業し、各地を周遊して帰国後、三二年に事務所を開いて設計活動を始めた。タリアセンの先輩の土浦亀城はインターナショナル・スタイルに転向したが、岡見はライト風のデザインを遵守しただけではなく、新しい傾向も試みた。しかし、代表作は前記の日本基督教団高輪教会であろう。

学校の後輩である三沢浩は『フランク・ロイド・ライトのモダニズム』（彰国社、二〇〇一年）の中で、岡見健彦についてまったく言及していない。その点を尋ねると、クラムとの共同作業は知っていたが、書きそびれてしまったとのことである。推測すると、谷川、三沢の二人はライトに心酔している研究者なので、岡見が関与した透視図の表現の改変には触れたくないのかもしれない。それでは岡見のタリアセン滞在はなんだったのだろう。

高輪教会は健在している。一部の建築史家によって、「特有のモチーフからライトの影響を見ることもできる（中略）経歴の全貌が把握できていない建築家だけに貴重な遺構といえよう」（『総覧日本の建築　三　東京』、八七年）と評価されているにもかかわらず、DOCOMOMOの一〇〇選の中には加えられていない。

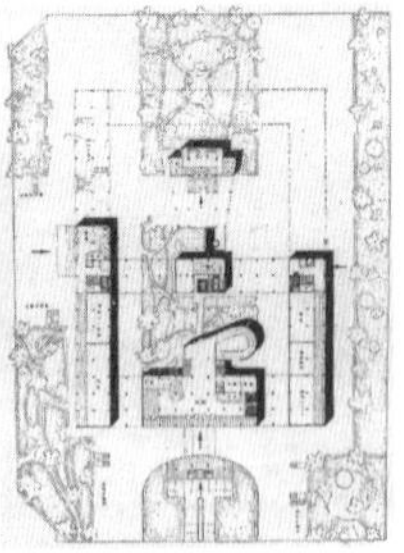

ザグレブ公共広場計画

## 外国人による前川國男研究

### 評伝がアメリカで出版

七〇年代に刊行された『現代日本建築家全集』（三一書房）は全二四巻から構成されているが、前川國男は入っていない。監修した評論家の栗田勇が除外したものと当初は思ったが、後に宮内嘉久が明らかにした真相ではそうではない。

企画段階のリストに前川國男は当然入っていたが、出版契約書を見せられて相談を受けた宮内は、不備な点があるので応諾しない方がよいと進言し、前川の決断によって不参加になったという。それ故に、二〇世紀の代表的な建築家の前川國男を欠いた「建築家全集」が修復されないまま刊行されたのであった。

前川國男の研究は若い世代によっても盛んに進められているが、没後一八年を経ても、いまだに詳細な全作品集も評伝も現れていない。日本の研究者の足踏みを尻目に、アメリカで二〇〇一年に前川國男の評伝が出版されたのは注目される。*MAEKAWA KUNIO—and the emergence of japanese modernist architecture*（前川國男と日本のモダニスト建築の出現）と題し、著者は南カリフォルニア大学の美術史の准教授のジョナサン・M・レイノルズである。

謝辞によれば、著者は日本に長期に滞在して、多くの前川國男を知る人や研究者に接触し、さらに多くの文献を調査してまとめたという。その内容は、これまでの日本の研究者よりも詳細な事項の探索が少なからず盛り込まれていて興味深い。

たとえば前川の滞欧中の設計競技の応募案（二九年）である。これはル・コルビュジエのアトリエに在籍中に同僚のエルネスト・ワイスマン（ユーゴスラビア）とノーマン・ライス（北米）

*MAEKAWA KUNIO*

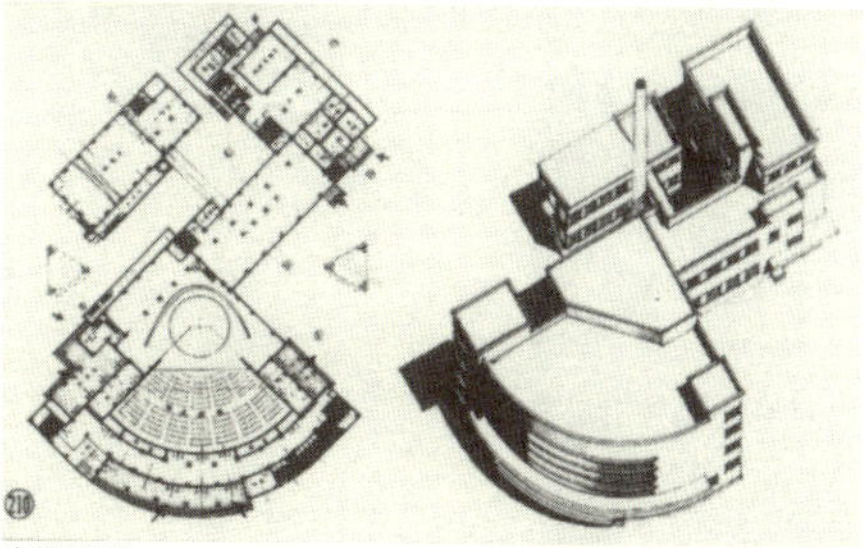
卒業設計

との共同案で、帰国後三〇年に『国際建築』誌六月号に「ザグレッブ広場計画（合作）」として模型写真を発表したものである。前川の年譜で取り上げられることもあるが、ほとんど図版は引用されていない。レイノルズはこの作品の図版を載せ、Zagreb public office building（ザグレブ公共事務所建築）という標題にしているが、出典は『国際建築』誌である。

またレーモンド事務所に在職中に手がけた弘前市の木村産業研究所（三三年、著者は三四年と表記）の図版とともに、この仕事の設計料をレーモンドに差し出したというエピソードも紹介している。

その他、東大の卒業設計や、戦時中の中国大陸での作品なども写真と併せて解説している。引用図版だけでも、これまであまり取り上げられない目新しいものが少なくない。

この本で気になったのは、ル・コルビュジエのアトリエにいた日本人建築家に言及して、土橋長俊がそこに約ひと月しかいなかったと注記している箇所である。土橋にとって不名誉なこの記述は、出典を明らかにしていないが、前川の談話を筆耕者が誤って一年をひと月とした記事によるものであろう（『巨匠への憧憬』を参照）。

参考文献の見出しも適切でない。日本語の標題を英語訳にせず、そのままローマ字表記にしている。拙編の『近代建築の目撃者』は「kindai kenchiku no mokugekisha」となっているだけなので、読者は理解に苦しむことだろう。

このように資料の扱い方に限界はあるが、出版の実現は評価できる。これに刺激されて、日本においてより充実した前川國男の評伝が出現することを望みたい。

前川國男

## ある近代建築の現状

前川國男の処女作品、保存の提案

二〇〇五年は前川國男の生誕一〇〇年に当たる。その記念として、初の評伝（『前川國男―賊軍の将』宮内嘉久著、晶文社）が刊行され、東京では年末の大規模な回顧展が開催された。地方でも注目すべき雑誌が出版され、前川の隠れた作品が取り上げられた。

青森市のＡｈａｕｓ編集部という出版社が『アーハウス』の創刊号（一月刊）で「前川國男と弘前」を特集した。これはユニークな企画であり、中央の建築ジャーナリズムの盲点を衝くものだった。弘前市内の八件の前川作品を載せた。

また観光案内の『ガイド・ひろさき・二〇〇五』（弘前観光コンベンション協会、四月刊）は特別コラムとして「前川國男生誕一〇〇年」の見開き二ページに前記八作品をカラー写真付きで紹介している。

これらの作品については『素顔の大建築家　〇二』（建築資料研究所、二〇〇一年）の仲邑孔一の談話で知っていた。

八月末に遅ればせながら弘前を訪れてこれらを見学してきた。この都市には前川の処女作品と最後の作品があることを知った。

「木村産業研究所」は数少ないインターナショナル・スタイル初期の建築である。レーモンド事務所に在籍中に竣工しているが、三二年（地元の二誌および宮内の評伝）、三三年（仲邑の談話）、三四年（ジョナサン・レイノルズの評伝）と三説がある。その確定研究が肝要である。三五年五月二七日にブルーノ・タウトがここを訪れて「コルビュジエ風の新しい白亜の建物」（篠田英雄訳）

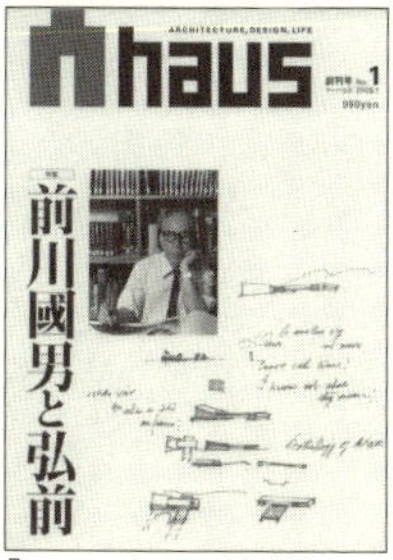

『アーハウス』創刊号

木村産業研究所

と日記で指摘している。この作品における師のル・コルビュジエとレーモンドの影響、そして前川自身の創意のアナリーゼも課題である。

「豆腐に穴を開けた」と俗称される「インターナショナル・スタイル」は二〇世紀を代表する建築様式である。残念なことにわが国では初期の作品が少なくなっている。そのようななかで、この「研究所」は貴重なものである。登録有形文化財となり、「DOCOMOMO日本のモダニズム建築一〇〇選」に加えられているとはいえ、現況はあまりに惨めである。鉄板屋根が載せられ、庇に雑草が生え、外壁の仕上げの一部が剥落し薄汚れて痛々しい。

地元に「前川國男の建築を大切にする会」があるが、この組織が「研究所」を復元するのはおぼつかないと思われる。文化的価値は認められてもなんら復元・修復・維持の資金援助はない。現行法の改善を待つより、思い切った方策を採用すべきではなかろうか。

二〇世紀の代表的建築作品となっている、前川の師のル・コルビュジエの「サヴォワ邸」が、ドイツ軍による荒廃の故に取り壊されようとしていたのを、文化大臣アンドレ・マルローの英断によって国有文化財として蘇生したように、弘前市当局が交渉して買い上げて、完全に復元して維持管理を遂行していくのが望ましい。私の提案である。

残された前川國男の完成予想図

## 大型客船の艤装デザイン

前川國男が戦時中に大型客船の橿原丸《かしはら》の艤装《ぎそう》に関与したことは知っていたが、そのデザインは見たことがなかった。日本郵船歴史博物館の「洋上のインテリア」展でその着色透視図が公開された。

前川が師事したル・コルビュジエは二三年の著作の表紙に、建築の本にもかかわらず、大型客船の遊歩甲板の写真をあしらった。本文では多くの図版を併載して「商船」、「飛行機」、「自動車」に続いて建築論を展開した。この著作の反響は大きく、一〇ヵ国語に訳され、日本語版は三種類もあり、『建築へ』（樋口清訳、二〇〇三年）だけが原書の表紙を復刻した。

〇七年の「日本郵船の歴史博物館」の「洋上のインテリア」展では、「戦前日本の客船インテリアの変遷」を四つの時期に分け、三五〜四〇年の「新デザイン創造期」に中村順平や村野藤吾が起用されて船室の艤装を設計するようになったと、図録に二人を紹介している。

建築史では傍流扱いされている中村は、パリのエコール・デ・ボーザールを卒業して帰国後、岩崎小弥太の知遇を得て、二六年から客船の客室設計をするようになった。一八年間に二二隻の客船を手がけた第一人者だった（『情念の幾何学―形象の作家中村順平の生涯』網戸武夫、八五年）。

日本人が手がける以前の船室設計はすべて外国人によるもので、浅間丸（二九年）はイギリス、氷川丸（三〇年）はフランスへ発注され、アール・デコのデザインであった。二〇年代以降のその隆盛は建築よりも大型客船の室内設計で支配的だった。中村のデザインも、最初の「長城丸」（二六年）の和風を除いてはアール・デコ調であった。

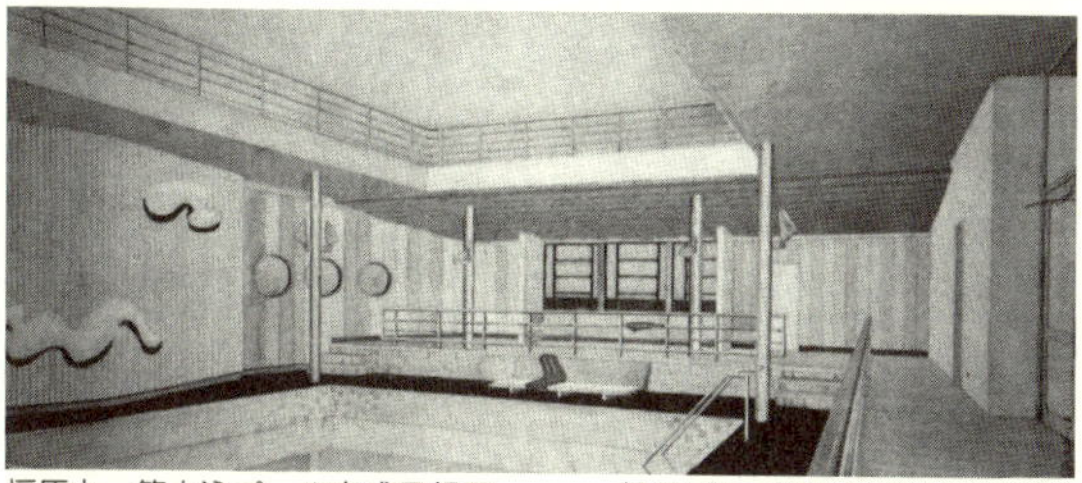

橿原丸一等水泳プール完成予想図　（資料提供：三菱重工業（株）長崎造船所）

芸術表現においてもナショナリズムが要請されると、大型客船の室内デザインを「新日本様式」のスタイルに変更するようになったが、主唱者の中村のそれは装飾的であった。連想されるのは石川純一郎が京都朝日会館のデザインを「新日本主義的新興形式」と称したことである。

前川國男が大型客船の室内設計のスタッフに参加したのは、三九年起工、四二年竣工予定の橿原丸（乗客定員八九〇人）と出雲丸の姉妹船の設計委員長に岸田日出刀が任命されたからであろう。岸田は教え子の起用によって大型客船の室内デザインに新風を送ろうとしたに違いない。橿原丸は、中村、松田平田、山下寿郎、久米権九郎、前川が分担し、出雲丸は、村野、本野精吾、渡辺仁、雪野元吉が分担した（網戸武夫著前掲書）。

展示されている着色透視図を比較すると、中村と前川の表現の差異がいかに大きかったかを知ることができる。前川のプール案は壁面に抽象的なレリーフがあるもののインターナショナル・スタイルである。橿原丸は建造中に航空母艦「隼鷹《はやたか》」に改造され、前川のデザインは実現しなかった（山脇巌が乗船したオイローパ号も空母に改造された）。

今回の展示は他に日本郵船の建築やその設計者の紹介もあって興味深い。

感慨無量だったのは、多くの大型模型の陳列に加えて、戦時中に喪失したかなりの数の船舶の表示があり、歴史博物館の重く深い悲しみの一面が伝わってきた。

（追記）二〇一一年の日本郵船歴史博物館の「洋上のインテリアII」展では、前川のデザインを担当したのは丹下健三であるとされ、出典は丹下健三・藤森照信による『丹下健三』（〇二年）となっている。

国立西洋美術館

## コンクリート打の名人

オーギュスト・ペレのもとで修業した森丘四郎の名文

オーギュスト・ペレといえば鉄筋コンクリート建築の偉大な先駆者として有名で、そのペレの弟子が日本にもいて、コンクリート打設の隠れた名人だった。それは森丘四郎といい、現場監理者として一緒に国立西洋美術館を実現させた藤木忠善は、「コルビュジエの作品を日本で初めて作るのに最もふさわしい現場主任さんであった」と語っている。

藤木によると前川國男は自分の作品の中で清水建設が請け負った仕事は、現場主任として森丘を指名したという。

森丘は国立西洋美術館の完成後、次のように感想を記している。

「ル・コルビュジエ氏の素朴な設計――美術品を展示する素朴な箱といった感じのする美術館を、どんな感覚に仕上げたらよいのだろうか、私の頭に浮かんだのは粗野で荒々しい中世紀のヨーロッパの田舎に見られたシャトウであった。

しかし、小手先の器用すぎる私達がそんな仕事をしても、出来上がる建物が感覚の乏しい偽りの多い建物になるだろうということが懸念され、設計者の意志に反するとしてもせめてこの質素な木綿の着物を着た淑女に、几帳面な身だしなみと多少の品位を与えることが出来ないものか。これが、この美術館の図面を見て私が考え、施工しようとした方針であった。」(『清水建設』五九年六月)

この美しい文章が現場の担当者によって書かれたというのは貴重である。施工する建物についての深い洞察と熱意と愛情の溢れる表現はすぐれている。国立西洋美術館は、このような技術者によって建設されたのであった。

森丘の経歴はユニークである。出身地は富山県下新川郡大布施村（現在は黒部市）、生年は明治三九（〇六）年一月四日。大正一二（二三）年四月、富山県立魚津中学校四年終了後、留学のため退学、大正一三年五月渡仏、同年九月建築研究のためリヨン美術学校入学、大正一四年一〇月パリのアカデミー・ジュリアンに入る。昭和二（二七）年七月、父の病気のため帰国。昭和三年一月再び渡仏、三月にオーギュスト・ペレの「アトリエ」に入り、昭和五年五月まで研究、六月に帰国した。昭和八年六月清水組に入社、設計部に勤務、昭和一四年二月北支支店天津出張所設計係勤務、昭和一五年三月以降現業勤務となり、昭和三九（六四）年に定年、嘱託勤務となった。没年は平成四（九二）年一月一五日、享年八六歳であった。

森丘は日本の学校で建築教育を受けず、もっぱらフランスで勉学したという日本人としては異例の経歴の持ち主だった。

前川國男との関係は二人ともに亡くなっているので確証は得られていないが、二度目のフランス留学の時期が、前川のフランス滞在と重なっているので、そのころパリで知り合ったものと推測される。前川は森丘がペレの弟子ということを知っていて起用したに違いない。「テクニカル・アプローチ」を提唱していた前川にとって、コンクリート技術の面で森丘は信頼できる同志だった。

国立西洋美術館以外では、日本相互銀行本店、蛇の目本社ビルなどのほか、東京都記念文化会館の三分の一の工事途中で退社のため交代したと記録されている。

日本の近代建築史のエピソードとして、ペレの弟子の森丘四郎にも注目したいものである。

立原道造（写真提供：立原道造記念会）

# 六〇年間秘匿された小論文

立原道造の建築論の発見

「立原道造・建築家への志向」展が開かれた（九九年七月）。内容は主に東大建築学科の時代を中心とした、課題設計の図面、講義ノート、そして新たに発見された小論文などである。当時の詩稿や友人への手紙も加えられている。ほとんどが初公開の資料で、立原道造研究の上で貴重なものだ。

## 学生時代に建築構造学を批判

立原が大学で受講した講義ノートは二〇冊にも及ぶ。それだけでも圧巻であるが、三九年七月のブルーノ・タウトの六夜にわたる連続講義のノートの展示は注目される。そして特筆すべきは、新発見の自筆原稿（三六年）による小論文の展示である。

立原の建築論は、これまで「住宅・エッセイ」と「方法論」の二つだけとみなされてきた。前者は、丹下健三らが編集した雑誌『建築』に発表されたもので、後者は卒業論文である。新発見の小論文が加えられることで、立原の建築論の内容の範囲はさらに拡大された。

小論文の題名は「建築衛生学と建築装飾意匠に就ての小さい感想」で、二〇〇字詰原稿用紙八枚と短いが、内容は非常に興味深いものだ。

執筆の契機は、前記の『建築』誌への掲載依頼によるものだったらしく、学科内の雑誌ということで、それ以前に試験にかかわる課題論文として提出した「衛生」と「意匠」のレポートを手っ取り早く結びつけたものであった。「衛生」とは平山嵩助教授の「建築衛生学」、「意

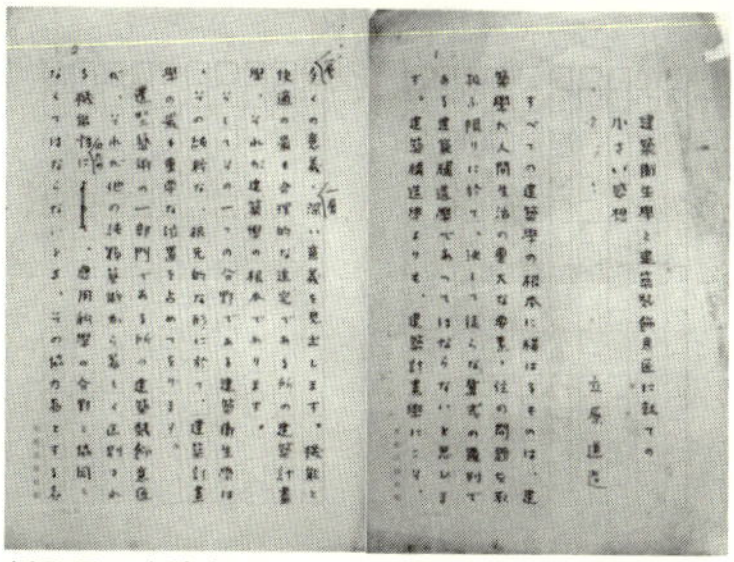

新発見の小論文　（写真提供：立原道造記念会）

匠」とは岸田日出刀教授の「建築意匠及装飾」のそれぞれの講義名称の略であった。

当時はすでに渡辺要らによって「建築計画原論」についての本が刊行されていたが、平山はそれではなく「建築衛生学」を用いていたことが判明する。建築用語の時代性の反映として興味深い。

この小論文が発表されずに、別に書き直した「住宅・エッセイ」が発表されたのは、立原が先に書いた原稿を見せられた級友の小場晴夫の忠告で発表を見合わせ、新たに別のテーマで書いたためだと推測される。小場はこの小論文の過激ともいえる内容の故に、立原に返却せず、手許に保存して今日に至ったのであった。

この小論文は前段の冒頭から「建築学の根本に横たはるものは」と書き出し、「建築構造学よりも、建築計画学にこそ（中略）建築学の根本」があると主張している。「建築構造学」に対して、立原は小論文の短い記述の中で二度にわたって、「算式の羅列」とか「算式の氾濫」といった形容詞を用いるほど反撥している。

自らは構造系へ進み、武藤清に師事した小場は、級友といえども立原がこのように内田祥《よし》三《かず》や武藤の講義に誹謗ともいえる反感を表明した文章を発表することは、物議を醸しかねないと判断して、書き直しを忠告したに相違ない。小場としては、立原の名誉のためにも、内田や武藤の存命中には公開すべきでないと、いままで保管し秘匿し続けたのであろう。

小場がこの小論文の自筆原稿を立原道造記念館に寄託し、公表することに同意したのは、武藤がなくなって一〇年以上たってからで、立原の建築構造学批判はもはや時効であると考えたためだと思われる。

## 新古典派建築の予兆の指摘

この小論文の中段では「装飾の復興の声」が聞こえてくると、当時の日本の建築界の動向について触れ、建築家の将来の指針として、自分の信念を述べている。「烈《はげ》しい抵抗にあらがって意匠しようといふ意志こそ、今日以後の建築に与へられた、光栄ある問題」であると、かなり勇ましい気負った表現で書いている。

さらに後段では、苦手であったとはいえ、構造学の重要性は認識していたらしく、「壁体構造の合理化の分野に構造学は発展して行かなくてはならないのではないか」と提言している。最後に「今日以後の新古典派建築」と記して、当時の建築デザインの動向にも触れ、それが「建築衛生学（計画原論）との融合こそ実に興味ある実践問題だと信じます」とシニカルな観察をしている。

以上が立原の小論文の概略の紹介であるが、学科内の雑誌に発表することを念頭に執筆されたもので、具体的な記述はされていない。

私は図録に書いた解題にあたって、このパズルのような文章を読み解き始めた。表題が講義名称と関連があるため、遺品の講義ノオトその他を手がかりにした。

建築構造学の批判は、岸田の講義の建築非芸術論が絶えず念頭にあったからであるし、「装飾の復興」は牧野正巳の「装飾は亡びざりき」という論文に触発されたものらしいと推測した。また「壁体構造の合理化」は市浦健の乾式構法を踏まえたものとみなした。「新古典派建築」についての言及は、歴史的証言といえるものである。

この建築小論文の発見によって、立原道造の建築論は、新たな視点から検討されるように

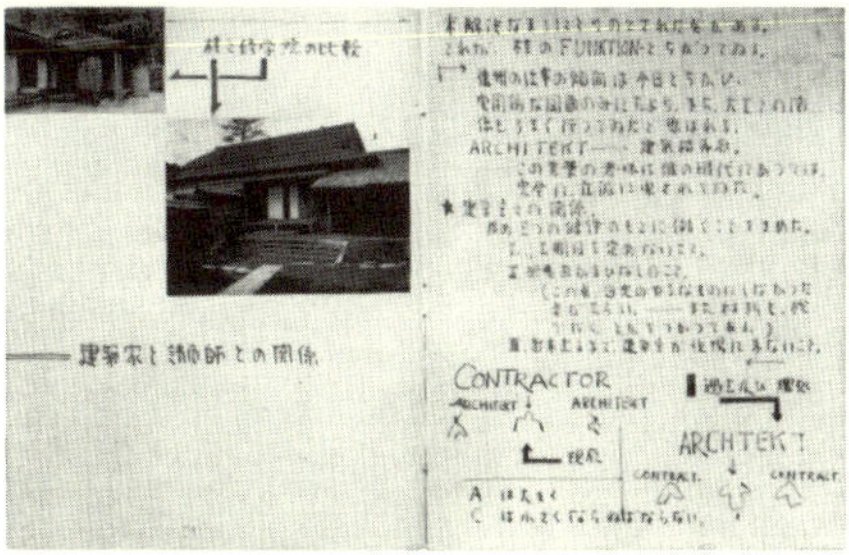


講演ノート　（写真提供：立原道造記念会）

なるだろう。

## ブルーノ・タウトの講演ノート

三四年四月に建築学科に入学し、七月には、来日中のタウトの六夜にわたる連続講演を聴いた。場所は東大工学部第一講堂、司会は岸田日出刀、通訳は上野伊三郎であった。最初の夜は約百五十名の来会者がいて、その大部分は学生だった。それにしてもタウトへの関心がいかに高かったかが知られる。最初の夜の題目は、「建築の品位のための基本条件としての自由建築家」であり、以下「建築発展の支持者としての西洋建築家」、「住宅建築」、「ジードルング」、「一般建築」と続き、最後の夜は東京市役所の新建築に関する批評をして、最後に桂離宮を例証にして、西欧の左右均整を学ばなくとも、小堀遠州の精神を正しい伝統として、都市にも及ぶべきであると切言したと伝えられている。（参考『国際建築』三四年八号）

立原のノートには講演内容と関連のある桂離宮などの日本の伝統建築の写真図版の切抜きが貼り付けてある。

記された文章の中に、檄のような表現が見いだされる。「若年の日、師に学ぶが、その時でさえ、師の傾向のかげに蔽われてはならない。更に進まねばならない。自己を持つ者の苦しみ。その苦しみをふみこえ新しい近代日本建築へ!!」これは、おそらくタウトに触発されたものであろう。建築への志向の表現として、学生時代の決意の貴重な記録である。

小場晴夫　（写真提供：安藤建設）

## 立原道造の建築家像を定着

### 小場晴夫の使命感と大きな功績

二〇〇〇年一一月二七日、小場晴夫が死去した。新聞各紙は、元建設省営繕局長、元安藤建設副社長と報じた。

自己作成の経歴書を要約すると、一四年（大正三年）東京生まれ、浦和高校を経て三七（昭和一二）年東京帝大工学部建築学科を卒業、大蔵省営繕管財局に就職、四〇（昭和一五）年応召、四六（昭和二一）年復員、戦災復興院を経て建設省営繕局に復帰した。

在職中の主要な業績は、日本住宅公団の創成、東京オリンピック施設・国立劇場・最高裁判所の建設、迎賓館の修復などに関与したことであり、六七（昭和四二）年建設省営繕局長を最後に退官した。

六八年以降、安藤建設株式会社に入社し、一七年間勤務の後、副社長を経て相談役として八五（昭和六〇年）に退社。八六年から㈶建築保全センター理事長に就任、九〇年退任した。

建設官僚、建設業界人としてまさに功成り名を遂げた生涯であった。しかし、小場にはそれ以外に注目すべき重要な功績があった。それは大学で同期だった親友の詩人・立原道造を建築家として定着させようと努力したことである。

大蔵省時代に『新建築』誌の編集に協力していて、三九年三月に亡くなった立原の一周忌に合わせようと、立原道造特集を四〇年四月号で実現させた。立原の習作や卒業設計、石本事務所で描いた図面を掲載し、岸田日出刀、武基雄、生田勉、小場晴夫の追悼文を加えた。「立原道造君を偲ぶ」と題した九ページもの特集は、今日に至るまで異例のことである。

小場は社主の「吉岡保五郎の寛容と慧眼のお陰」と語り、当時の意図を「無謀だったとは思いますが、親友立原の死に対する若い純粋な哀しみと、惜しみても余りある彼の才能に対する惜別と、作品もなく、建築界に特に貢献するところもない無名の若者のために紙面を費やす特集に対する批判、非難に対しても、若者としての抵抗を燃やして編集したつもりです」と述べている（「詩人・建築家・立原道造」小場晴夫、『風信子』三号、立原道造を偲ぶ会発行、昭和五八年三月一〇日、所収）。

戦後、五〇（昭和二五）年から五一（昭和二六）年にかけて刊行された『立原道造全集』（角川書店）の第三巻に、立原の卒業論文「方法論」の全文と卒業設計「淺間山麓に位する芸術家コロニーの建築群」の一部を収録することになり、小場が卒業設計の図面を東大建築学科より借り出した。ところが全集刊行後それらは行方不明となり、いまだに発見されていない。

それ以後、立原の卒業設計の内容は、『新建築』と全集の口絵図版、および小場が文芸雑誌『南北』（昭和二五年一二月復刊号）に「建築家としての立原道造」として卒業設計の内容を詳細に説明した文章でしか知ることができない。

九九年、新たに発見された立原の小論文「建築衛生學と建築装飾意匠に就いての小さい感想」が立原道造記念館で公開展示された。これは立原の建築観の側面を知る上で注目されているが、小場が大学時代から六〇年余りも保管していた新資料である。

内容が当時の構造の講義内容に批判的だったので、相談を受けて発表を見合わせるように忠告し、そのまま預かったものであった。立原の名誉のために隠匿し、当時の構造担当の教授たちの没後に、小場は公表を決心したのであった。

## 『新建築』誌を編集した大蔵省の建築家

### 結実した安田清らの努力

小場晴夫の一周忌を記念して、立原道造記念館では「立原道造と小場晴夫――大学時代の友として――」の展示が、二〇〇一年一二月二四日まで開かれた。立原が小場に宛てた六四通の書簡がすべて出品され、現行全集では伝えられなかった絵やスケッチの全貌を知ることができる。小場は立原の没後一周年を目標に『新建築』の四〇年四月号で「立原道造特集」を編集した。小場はその背景について次のように記している。

「私は昭和一二年、東京大学を卒業して大蔵省営繕管財局工務部第二技術課に勤め、同じ年の一二月から『新建築』の編集に携わりました。そのころまで『新建築』の編集は、同じ課にいらした安田清さんや植田茂さんが中心になって進められていました。当時、新建築社には大蔵省営繕管財局の人がよく出入りしていました。安田さんをはじめ植田さん、大竹さん、木子さん、角田さん、田口さん、八木さんの皆さん、それに私などが役所が四時にひけると日本橋宝町の新建築社に集まって、夜遅くまで編集作業をしていました。」

これによって大蔵省の建築家たちが『新建築』の編集にあたっていた様子がうかがわれる。

その中心は安田清（一九〇六〜九三）であった。彼は京大卒業後、大蔵省に勤務していたが、京大教授の武田五一の指導で二五年に大阪で刊行された『新建築』が東京で刊行されるようになると、武田の依頼で勤務のかたわら企画や編集に協力することになった。新建築社の元会長・吉田義男によると、「隠れた編集長」としての安田の活躍は、二九年から四二年までの長い期間に及んだという。

安田は当時、帝国国会議事堂の仕事をしていたので、誌面では中間報告のように議事堂の写真や記事がたびたび載り、他誌とは異なった内容を構成していた。また設計図や詳細図の表現にも一家言をもっていて、役所では「線のクロスしているところをわざわざ飛び出させる従来の方法を取り止め（中略）『新建築』でも採用され、設計者より提供された図面を機械製図に近い表現でトレースさせ、今日の一般的図法による詳細図を雑誌にはじめて掲載」（小場）した。

その成果は三九年に刊行された『新建築詳細図集』である。安田の「はしがき」によると、その表現法は三三年以来のことで、「幸いにこの詳細図譜は発表以来各方面の歓迎を受け、一方他誌においても同種のことを企てるものも続出し、我が国の建築技術の発達にも役立ったことは編者として欣ばしき次第である。」と自負を述べている。

製図表示の改善が、教育現場の指導者ではなく、安田などによって進展させられたことは注目される。

三九年八月号は全巻がル・コルビュジエ特集で、これは全作品集の「三四年〜三八年」の内容をすべて転載したものである。

「立原道造特集」や「ル・コルビュジエ特集」のようなユニークな編集が生まれたのは、当時『現代建築』誌の編集に、大学を出たての小場の友人たちが関与していて、丹下健三の論文などが掲載されたので、それとの対抗意識が反映していたとも推測されるのである。

部屋のスケッチ

画期的な立原道造の特集

## 詩人の建築家像にせまる

『国文学解釈と鑑賞』(至文堂)の別冊の「立原道造」特集は、執筆者が六〇名、全五六八ページと画期的な大冊である。

もちろん詩人・立原道造が中心テーマなので、それに関する記事が多いのはいうまでもないが、今回は多能だった立原のさまざまな側面を取り上げたことで興味深い。建築家や造形家としての立原についての論文も含まれている。そのほかに立原の生涯についての伝記的エッセイ、立原の詩の翻訳についての報告などもあり、資料や書誌も充実している。

建築関連でとくに注目されるのは、二〇〇〇年一一月に亡くなった小場晴夫の「建築家としての立原道造」という論文である。これは『南北』復刊号(五〇年一二月)に発表されたもので、内容は立原の卒業設計「浅間山麓に位する芸術家コロニイの建築群」の詳細な解説と卒業論文「方法論」についての感想である。

前記の小場の追悼文中で触れたように、立原の卒業設計が行方不明になっている現在、『新建築』と『全集』の口絵図版と小場の論文だけが、それを知る手掛かりなのである。しかも『南北』はマイナーな雑誌だったので、読者は限られていて、小場の論文の存在は建築関係者のほとんども気づいていなかった。今回の復刻転載は非常に貴重である。

「方法論」も同じ号の巻頭に初出として載ったが、これはその後角川版全集に収録されたので、全文を読むことは可能である。

建築関連のその他の記事は、立花隆と鈴木博之による対談「立原道造の建築と文学」、磯崎

『国文学解釈と鑑賞』立原道造特集号

新の「立原道造と建築」、佐々木宏の「新発見の立原道造の建築小論文」、津村泰範の「続・昭和伏流建築史—立原道造から生田勉を軸として」、石黒徳衛の「立原が生きていた頃」である。

立花・鈴木の対談は九八年一一月一二日のNHK・ETV特集の「立原道造　詩と建築・夢みたものは／建築家立原道造がめざした建築とその思想」と題して放映された内容とほぼ同じである。見なかった向きにとっては興味があろう。

磯崎の論文は新稿で、しかも立原について「はじめて」書いたものである。執筆に際して三つの主題を用意したが、今回はその中のひとつ、「ちょっとなまぐさい政治状況がからんでいるけれど、これまであまりに牧歌的な山荘の建築家という像が強いので」、「晩年の三年間に彼が建築のデザインについて想い抱いていたこと」について書いている。

拙稿は、小場晴夫が六二年間も保管していて九九年秋に公開された小論文について、立原道造記念館の図録に解題として書いた文章を基に約半分近くにまとめたものである。

津村の論文は既発表（『新建築　住宅特集』九六年一一月号）の続稿である。

石黒のエッセーは、一高で一年上級、東大で同級の立原との交流を述べたもので、知られざるエピソードも紹介されている。

建築家・立原道造の研究は、文学の分野に比べて、いまだに解明されていない面が少なくないが、今回の特集を契機として、多くの人が関心を寄せ、新たな研究の成果が生まれることを期待する。

卒業設計「淺間山麓に位する芸術家コロニーの建築詳」

## 行方不明の卒業設計

立原道造の建築資料から（一）

立原道造は「詩人・建築家」と呼ばれている。しかし、詩に比べて建築の方は一般にあまり知られていない。大学卒業後二年ほどで亡くなったので、建築の仕事が少ないのは当然だが、どのような可能性を秘めていたのかという点が、長い間の関心事だった。

ようやく二〇〇九年三月に『立原道造全集四』（筑摩書房刊）が出版されて、数多くの建築資料を見ることができた。建築図面、スケッチ、建築評論の他に絵画作品も含まれている。府立三中時代のノートブックの余白に描いたスケッチや一高時代の図学の課題作品から、石本建築事務所で引いた図面まで収録されている。

東大時代に課題設計で三年連続して辰野賞を受けたが卒業設計は最優秀作品ではなかった。「立原の作品を級友の小場晴夫は、いかにも「詩人」らしいと評価して『新建築』誌四〇年四月号や『立原道造全集』第三巻（角川書店、五一年）にいくつかの図面を載せる努力をした。しかし、この全集の編集後に一七枚すべてが行方不明となった。

立原の卒業設計が、当時の他の卒業設計といかに異なっていたか、比べてみよう。日本建築学会の『建築雑誌』は三〇年代に毎年六月号に全国の大学や高等工業学校から提供された最優秀作品を「卒業計画」として掲載するのが恒例であった。

立原が卒業した三七年は、東大から薬師寺厚《ひろし》の「高層病院」、京大から所寅雄の「新聞社」、東工大から坂本鹿名夫の「東京高架飛行場」、早大から武基雄の「劇場建築試案」、日大から江中元吉の「電鉄百貨店」である。

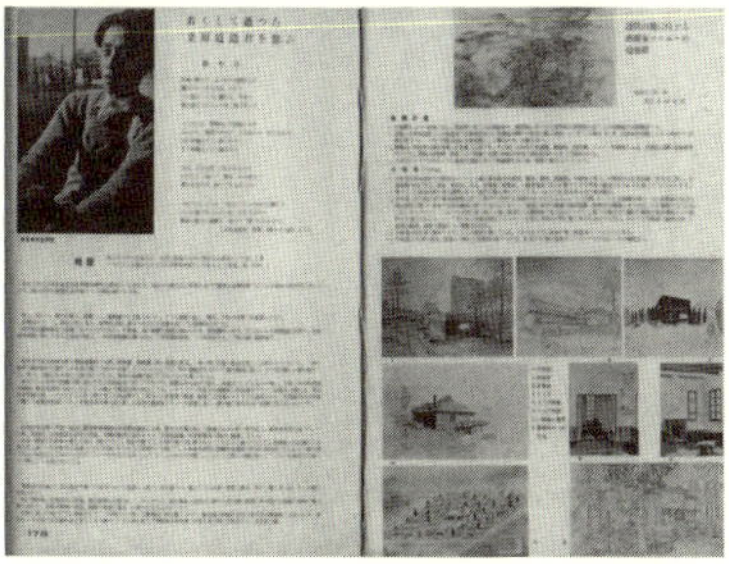
『新建築』1940 年 4 月号の立原道造特集の頁

次の三八年は、東大からは二案で富本廣三郎の「バス発着所をもつガレージ」と浜野啓一の「農村集落計画」、京大から馬場知己の「航空港」、東工大から黒田正己の「あじろ温泉ホテル」、早大から竹中宏平の「コンサートホール」、日大から内田祥文の「河畔に建つ国際会館」である。ちなみに三九年は、東大から生田勉の「国立図書館」が選出されている。

これらの若き建築家たちは、後に有名となった人が少なくない。

薬師寺は五六年に「東京空港郵便局」で、馬場知己は五七年に「国鉄川崎火力発電所」でそれぞれ日本建築学会作品賞を受けた。武は立原と同年に石本建築事務所に入り、後に早大教授となった。坂本は円形校舎の考案者として知られる。黒田は熊本大学教授として建築理論を学会で発表し続けた。竹中は設計者として竹中工務店副社長になった。内田は設計活動の他に、四三年に「木造家屋の防火に関する実験的研究」で日本建築学会学術賞を受けた。四六年三三歳で亡くなったが、丹下健三が回想の中で同世代のライバルとして立原と内田を挙げたことは注目される。生田は立原の親友で、住宅作家として立原の後継者とみなされた。

このように当時の卒業設計のテーマの傾向は公共建築が主流であった。これらのリストと比べると立原の案がいかにユニークなものだったか判明する。

その内容を知る手掛かりは、既発表の図面と小場が全一七枚の図面を説明した論文しかない（二〇〇一年五月刊の「国文学解釈と観賞」別冊『立原道造』至文堂に再録されている）。

八一年四月一二日、作家の杉浦明平が講演の後の懇談会で、立原の卒業設計の行方不明が話題になると、まったく消滅したのではなく、後世にきっと出てくるだろうと語った。

## 北欧建築への憧憬

立原道造は北欧の建築を好んでいた。このことは、最近では広く知られている。新しい『立原道造全集四』に収録された数多くのスケッチや図面の中に、明らかにその痕跡が見出される。大学二年生の課題設計の「サナトリウム」では、アルヴァー・アールトのパイミオのサナトリウムのプランを変形させた平面図があり、三年生の「図書館」では、ラグナール・エストベリのストックホルム市庁舎の塔を模した外観の透視図が残されている。

立原の北欧建築への傾倒が最初に公表されたのは、級友だった小場晴夫が三九年の『四季』第四七号立原道造追悼号（七月号）に寄稿した文章である。

続いて立原道造全集刊行の費用のための蔵書売立の陳列会のリストの小冊子である。文学書の稀覯本が大部分を占める最後に二件、フィンランドとデンマークの建築雑誌が記載された。（このリストは、四三年七月刊の『立原道造全集』第三巻　日記と手紙　堀辰雄編　山本書店刊の普及版の巻末に転載された。この版は数種の色の用紙に印刷されて当時の出版事情を反映していた。小冊子の復刻版は、六一年九月刊の『詩人の出発』〈書痴往来社〉に附録として再生された）

これを裏付ける資料として、五一年三月刊の『立原道造全集』第三巻（角川書店）に初出として、中村整宛の三八年一月二〇日付の手紙が公表された。理学部へ進んだ一高時代の友人に「デンマークとスウェーデンから、今年一年、建築の雑誌が郵送で送られることになった」と書き送っている。リストと手紙の国名の違いは変更したからだろう。外国の雑誌を購読して研究しようという立原の北欧建築への執着と意気込みが伝わってくる。エストベリの作品

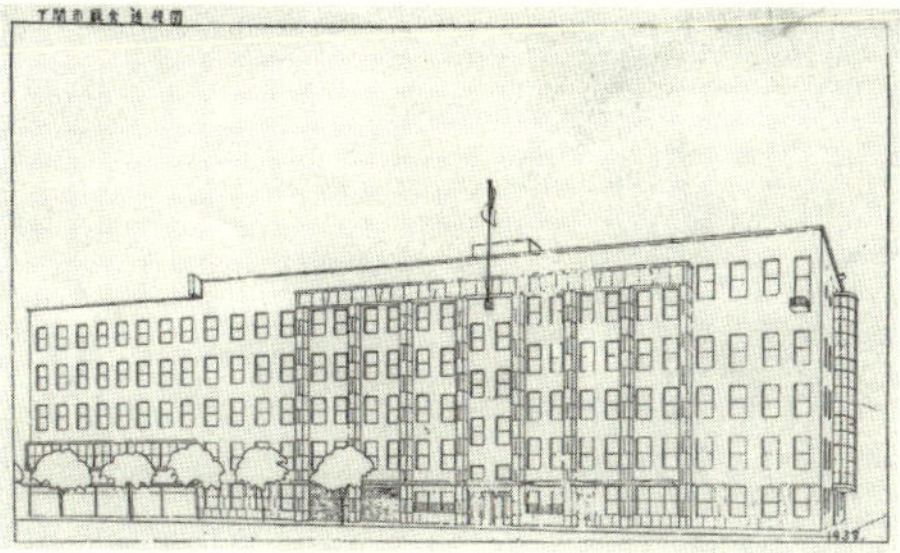

立原が担当した下関市庁舎

については、すでに先輩建築家の賛美を知っていたであろう。しかし、アールトの発見は立原が最初と思われる。

「立原は課題がでると、色々の図集や図面を見て研究した」と小場晴夫は書いている。課題が出た前年の『国際建築』誌八月号は「サナトリウム」特集で、ヨーロッパ六カ国の一五例と日本の一例が載っていた。それらの中でアルヴァー・アールトのパイミオのサナトリウムに着目した立原は、炯眼《けいがん》の持ち主だったといえよう。

アールトは日本において、今では最も人気のある外国の建築家の一人である。しかし、戦前はほとんど知られていなかった。

アールトが注目される契機は、『国際建築』誌五一年五月号の特集である。これはジークフリート・ギーディオンが『空間 時間 建築』の新版にアールトを加えようとして、同時に欧米の雑誌に発表した記事が基で紹介したものだった。日本語版は五五年に太田實訳で刊行され、さらにアールトは広く有名になった。

立原が学生時代に書いた小論文が九九年に発見された。その中で「近代の建築家の諸作品に見られる清純・平静・潔白の印象こそ（中略）与へられた機能と快適の条件をそのままなほに表現したもの」と記している。

この建築観はアールトの作品を知ったことで形成されたに違いない。アールト評価の先駆者として立原道造をあらためて見直したい。

そして、さらに日本の建築家の北欧建築好みの真意の解明も肝要であろう。

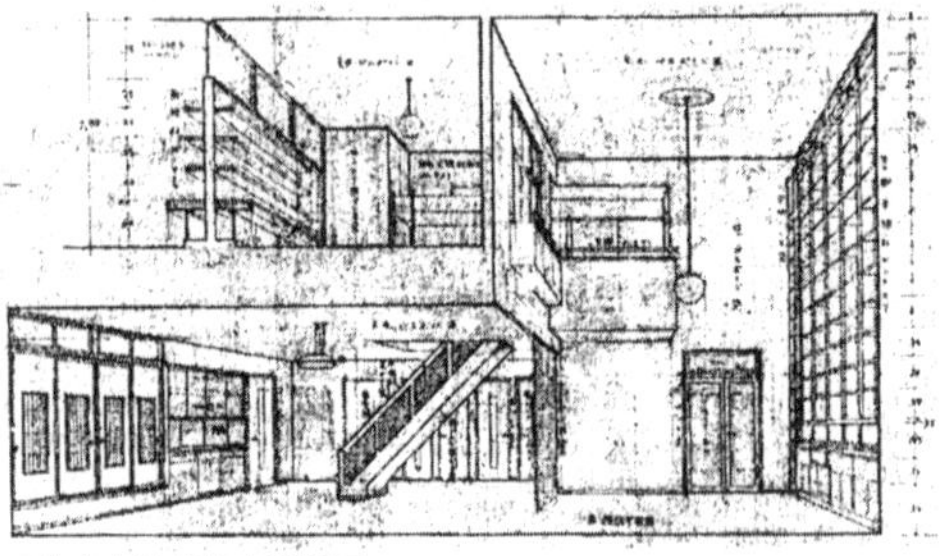

石本喜久治邸室内透視図

## 石本喜久治邸の設計者

立原道造の関与が明らかに

石本喜久治は朝日新聞社や白木屋百貨店の設計者として著名であるが、三〇年代には三宅やす子邸や東郷青児邸などの一連のインターナショナル・スタイルを展開し、三八年の自邸では竪羽目のデザインに転向した。この作品は『国際建築』誌の三九年六月号の巻頭に載り注目された。この「石本喜久治邸」を担当したのは立原道造だったことが、九九年三月の立原道造記念館の展示で明らかになった。東大で一年後輩の丹下健三も、当時、前川國男の「笠間邸」を担当し、同じ時期に二人がそれぞれの師の代表的住宅作品に関与していたことは、住宅史の上の隠れたエピソードである。

立原が作成した「石本邸」の原図が公開されているのは、「立原道造没後六〇年記念特別展」である。展示の表題は『「優しき歌」の世界―立原道造と水戸部アサイ』となっていて、未刊だった三番目の詩集と、石本事務所のタイピストの女性へ宛てた書簡が中心である。関連資料として立原による「石本邸」の図面の一部と、個人的な習作の小住宅スケッチも加えられている。詩稿や書簡は、詩人・立原道造に関する従来の刊行物を補足する貴重なもので、文学的には重要な文献である。

これに対して今回初公開の建築関係の資料は限られたものだが、建築家・立原道造の興味深い側面を伝えてくれる。

立原が作成した「石本喜久治・東京邸・新築工事」と記された図面は全部で一五枚ほど残されていて、今回は四枚だけが展示されている。

石本喜久治邸

これらを見ると、立原がいかにペンシルワークにすぐれた有能なドラフトマンだったかが判明する。また空間把握の意欲と細部への関心も表現されている。

この住宅は大邸宅ではないが、木造でありながら地下には鉄筋コンクリート造のボイラー室があり、居間に接して日光室（サンルーム）が設けられるなど、かなり高度な生活水準を意図したものであった。

完成後に「石本喜久治設計」として前記の雑誌に発表され、四一年には『現代住宅一九三三―四〇』第四輯（国際建築協會発行）に収録された。石本にとっては自信作であったらしく、これらをもとにして私家版の『石本邸圖集』を作成したほどであった。しかし製図担当者が伏せられたので、これまで立原の関与はほとんど知られることなく、今回ようやく公表されたのである。

この住宅で最も注目したい点は、木造住宅におけるメートル・モデュールの適用である。立原による図面では、二階の四畳半が三メートルと記入されている。日本の住宅史の上で、木造においてメートル法がどのように実施されたか詳しいことは知らないが、石本事務所の内山紀男によれば三六年の小亀邸（『国際建築』九月号）の原図には、すでにメートル寸法が記入されているとのことである。

立原の小住宅スケッチは、建材メーカーより配布されたメモ帳に五ミリ方眼を一メートルとして描かれている。二段ベッドの表示が二メートルとなっているので、石本邸の製図を契機として、それ以前の個人的なデザインの三尺から一メートルへとモデュールを変えたようである。

生田勉

## 立原道造の果たせなかった夢

生田勉への手紙が明かす友情

数年前、東京大学建築学科の学生の一人に「立原道造」について尋ねると知らないという答えが返ってきた。大学の先輩であり、岩波文庫で詩集が刊行されている日本の代表的な詩人について無知なのは意外だった。

九七年三月、東大の弥生門の真向かいに「立原道造記念館」が完成した。設計は、立原が勤務していた石本建築事務所出身で、立原の石本事務所時代の関係資料を保管している江黒家成である。

開館一周年記念ということで「立原道造と生田勉」展が開かれた。この記念館は詩人・立原道造のために設立されたが、建築家・立原道造の側面をも紹介しようという企画である。

立原の友人の建築家で一緒に展示されているのは、大学で同期の柴岡亥佐雄ではなく、石本事務所で製図板を並べていた武基雄でもなく、二年後輩の生田勉（一二～八〇）の作品である。

三人とも、立原の全集に数多くの手紙が収録されている親友であるが、生田は一高時代からとくに深い交友関係にあり、立原の死後の三回の全集の編集に携わったほどの間柄だったからであろう。

立原は三七年に大学を卒業し、二年後の三九年に亡くなったが、同期の小場晴夫、武基雄、生田勉の三人は『新建築』の四〇年四月号で作品を載せた追悼特集を編み、恩師の岸田日出刀が追悼文を寄稿しているほど、当時から人柄と才能は惜しまれていた。その後、立原の建築作品は、角川書店刊の全集の口絵を除いて公表されることはなかった。

栗の木のある家（設計：生田勉）

今回展示されている図面の多くは、学生時代の課題設計図で、立原家に保存されているものだという。大学での返却図面がこのように丁寧に残されていたのは驚きである。

卒業設計の「淺間山麓に位する芸術家コロニーの建築詳」は、全集に載せる際に角川書店に貸し出されたが図面は行方不明で、いまだに東大に返却されていないらしい。残念なことである。いまでは、その一部を『新建築』の特集や全集の口絵でしか見ることができない。

今回その一部が展示されている生田勉宛ての手紙は、二人の友情がいかに親密なものだったかを伝えてくれる。全集には全部で七七通もの書簡が収録されているということである。

生田は戦時中から評論活動をし、戦後は一時期訳業に専念し、設計活動を開始したのは五五年ごろからだった。五六年に完成した「栗の木のある家」以後の一連の小住宅や山荘は、ユニークな作風で注目された。しばしば、立原の果たせなかったデザインを具現化したのではないかと論評されることもあった。今回の「二人展」ではそのような見解が決して間違っていないようにも感じられる。

一方で生田はルイス・マンフォードに師事して、都市や建築を通じての文明批評を日本に定着させようとした。数多くのマンフォードの著作の訳業は、ある種の使命感を持続して行われたものに違いない。

この「二人展」はうらやましいほどの友情を伝えるという感傷的なもの以上に、建築をめぐる多様な示唆をも与えてくれる。図版は関係者の「二人」に対する愛情が織り込まれていて美しい。

丹下健三　（写真提供：丹下都市建築設計）

## 若き建築学生の同人誌『建築』

丹下健三が編集に参加

夭逝した詩人・建築家の立原道造が執筆した建築論で、前記の新発見の論文のほかに、これまで知られていたのは二編だけだ。「住宅・エッセイ」と「方法論」である。これらは『立原道造全集』四に収録されていて容易に読むことができる。

後者は東大建築学科の卒業論文で、戦後になってから印刷されたものである。前者は立原が学生時代に東大建築学科で発行された雑誌に発表された。全集の解説によると、木葉会の雑誌『建築』に掲載されたという。

立原の建築論に関心があったので、その雑誌の実物を一度は見たいものだと思い続けてきた。

九八年の夏、立原が大学時代に手掛けた課題設計「サナトリウム」の展示に協力したことで、立原道造記念館の研究資料室長の宮本則子と知り合った。この雑誌のことを尋ねると、所蔵しているという。

立原の同級生だった小場晴夫から寄託されたものとのこと。しかも立原の論文が掲載されている号だけでなく、当時刊行された三冊がすべてそろっているというので、さっそく見せていただいた。

それらの雑誌の目次を見、さらに奥付を見て驚いた。最初の号には目的の立原の論文のほかに丹下健三の論文も載っていて、編集者が塚原昇と丹下健三の連名になっている。次の号にも丹下の論文があり、編集者も同じ表記となっている。

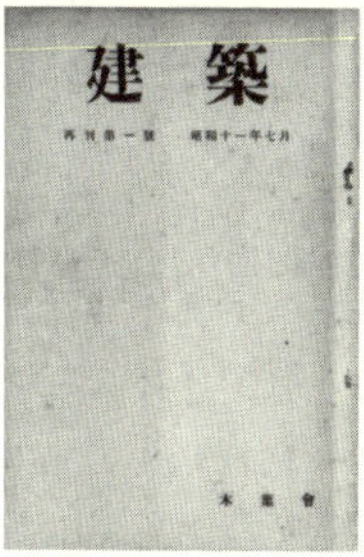


『建築』

すぐに思い出したのは、かつて丹下が学生時代に雑誌を出していたと語っていた記事であった。建築学会の『建築雑誌』八五年一月号の藤森照信との対談のなかで回想していたのが、これらの雑誌である。

かつて丹下の作品集『現実と創造　丹下健三 1946-1958』（美術出版社、六六年）の巻末の書誌目録の作成に協力したことがある。その時丹下はこれらの雑誌に発表した論文をつけ加えなかったので、存在を知らなかった。

丹下は前期の回想のなかで、次のように語っている。「大学に入ったころ、世の中は少しずつ軍国的な雰囲気に差し掛かっていたと思いますが、私は軍国主義には興味がなくて、どっちかというと、社会学とか、哲学とか、歴史とか、文化や芸術の歴史とか、そんなものに興味があったんです。それで建築学科の私たちのクラスが中心になって、〈建築〉という同人雑誌を出したりしていたんです。二号か三号でつぶされたんですが」。

丹下は同人雑誌であったと語っているが、この雑誌の発行所は「木葉會」（帝国大学建築学科内）となっていて、表紙には題名の「建築」の下に「再刊第一号・昭和十一年七月」と印刷されている。このことからこの雑誌は建築学科でそれ以前刊行されていたのを復刊したもので、しかも建築学科内で公認されていたと考えられる。一般の同人雑誌のように有志が編集して出版したものとは異なるものであったらしい。

若き日の丹下健三の処女論文も

## 『建築』再刊第一号にあふれる若者の熱気

前川國男の文献目録の最初は「巴里より」で、それは「〈木葉〉（Ｋｏｐｐａ）Ｎｏ．七一九二八」に載ったことになっている（『前川國男作品集―建築の方法論二』美術出版社、九〇年）。実物は見ていないが、丹下たちの『建築』はその再刊に違いない。編集後記では、「この雑誌を〈木葉〉から〈建築〉に改題したのは、木葉に対する気持でよりは、廣く建築に対するそれを育てたいと云ふ考へからです。」と記されている。これによって、以前の雑誌が『木葉』と題されていたことが判明する。改題理由には編集者たちの新しい意欲が表明されていて、それは前記の丹下の回想でも裏付けられる。

「再刊第一号・目次」を見ると、掲載された論文は一四篇。その中で一篇は翻訳である。執筆者の巻頭の藤島、濱田、市浦の三名は教官、他は学生たちである。後記によると一年生の寄稿はなく、二年生と三年生によるものであった。

立原の論文は目次では「住宅エッセイ」となっているが、本文では「住宅・エッセイ」と表記されていて、四ページ半の分量である。この雑誌によって、ようやく原典にめぐりあうことができた。

編集者の一人、丹下健三の論文は「『この後に来るもの』への考察―序―」と題され、初めて見るものであった。いわば丹下の処女論文ともいうべきこの文章は、「一、現代建築」と「二、住宅問題」という構成になっている。

「一」は、当時の建築界の動向を大局的に考察して、新しい方向を模索するという思考水準の高いものである。当時の大学二年生としては、かなり鋭い論法を身につけていたことがうかがわれる。すでにル・コルビュジエに注目し、その方法や思想に共鳴していたことが表明されている。「二」では、当時の日本の住宅政策に深い関心をいだいていたことが示されている。当時、ル・コルビュジエへの関心は高かったらしく、他に教官や学生たちも言及しているが、フランスの論評が訳載されているのも注目される。

「輝かしき都市」はポール・エランが三六年一月号の *Journal des Debas*（評論雑誌）に発表した論文の翻訳である。二二年の「現代都市」から三五年の「輝かしき都市」への発展的変移を論じたものであるが、学生たちの中に、フランスの雑誌を読んで新しい情報を獲得しようとしていた者もいたのである。

立原の親友だった小場晴夫は「歴史への試み」と題して「伝承」を重視し、それが現代に対して歴史的な連続性をもつものだと論じている。

これは教授の藤島亥治郎が「建築史の効用性」の中で、過去に学ぶべき指針を強調しているのと、相通ずる論旨でもあった。建築における「伝統」論の前兆であるが、まだ国粋主義が盛り上がっていない時期のものである。

## 二号『建築』から三号『木葉会雑誌』へ

『建築』第二号では九編の論文のなかに、グロピウスの文章の翻訳と前川國男の「無題」という断片的エッセイが載っている。グロピウスの翻訳は、三五年の *The New Architecture and the Bauhaus* の抄訳である。

前川の寄稿の冒頭に注記があって「これはかつて『木葉』に寄せた『無題』の続きである」となっているが、前記の前川の書誌目録には二八年の「巴里より」しか見あたらない。いまのところ『木葉』のバックナンバーが発見できないので、どのようなものなのか不明である。

後記によると原稿の集まりが少なかったらしく、第一号と同じく編集者の丹下健三がこの号にも「文化を想ふ」という小論文を載せている。リードの文には「古き合理主義の立場は市民文化である。新しきそれの立場は人間文化である。」と記されている。

まえがきに続いて、「一、日本文化――〈物のあはれ〉の側面より」と「二、文化の反省」の構成になっている。高度の文化論をめざして、前記の談話で語った多くの分野の諸問題を援用して、思索の一端を表現している。その意図は、末尾の次の文章に要約されている。

「私はこの二〇世紀に創った美を、限りなく愛し続けやうと思ふ。（中略）それにも増して建築を愛し続けやうと思ふ。」

第三号は『木葉会雑誌』と改題され、編集者も雨宮忠正と生田勉に交代している。第二号では消えた教官たちの寄稿が復活している。これらのことから、雑誌の編集方針をめぐって建築学科内でなんらかの葛藤があったように推測されるが委細は不明である。

前川の「無題」は（承前）と付記されているので分載である。最後の「コルビュジエの弟子」では、次のように記されている。

「〈おまえはコルビュジエの弟子ではないか、何故コルビュジエみたいな家を建てぬか〉と詰問される事がある。光栄な話である。然し私はコルビュジエの事務所で二年間そうした誤を仕出かさない様にと訓へられて来たのだった。」

木下杢太郎のような著名な文学者の寄稿があるのは、本名・太田正雄という医学部教授が学生の依頼に応じて書いたのであろう。

この第三号では学生の論文がわずか五編である。木下杢太郎を含めた教官のものと同数である。学生の執筆が少なくなったのは意外である。

三号を通じて執筆したのは本城和彦であった。後に建築評論を書いた浜口隆一や生田勉はなにも寄稿していない。一部の学生を除いて、建築学生が文章による自己表現を苦手としていたのは、今日と同様であったらしい。

しかし学部学生が雑誌を編集して、自分たちの考えを発表しようとしたのは注目される。その数は少なかったとはいえ、建築について思索の重要性を認識していたのは貴重な現象である。おそらくその動向の中心人物のひとりは、若き日の丹下健三であったに違いない。

## 短命だった『現代建築』誌の輝き

丹下健三のル・コルビュジエ論を掲載

前に『現代建築』誌に言及したところ、この雑誌についての問い合わせがかなり多く寄せられ、特に若い建築家はまったく知らなかったという。近代建築史の記述では触れていないか、記されていてもその内容はほとんど不明らしい。

『現代建築』誌は、三九年六月に創刊され、四〇年九月に、通算一五号で終刊となった短命の雑誌であった。日本建築学会の図書室でさえ現物が完本でそろっていなくて、第二号と第六号の二冊はコピーである。戦後創設の建築学科などで収蔵しているところは非常に少ない。

この『現代建築』の名が最近しばしば引き合いに出されるのは、第七号に掲載された丹下健三の「ミケランジェロ頌」という論文が、「Le Corbusier 論への序説として」というサブタイトルになっているからである。建築ジャーナリズムは日本における際立ったル・コルビュジエ論の成果とみなしているのである。

丹下の回想では「私はその編集を手伝っていて……先輩をつかまえては、コルビュジエ、コルビュジエというものですから、ひとつコルビュジエ論でも書かせてみようということになったらしく、一〇ページほどもらって論文を書くことになりました」と、執筆の背景が明らかにされている。

丹下の一年先輩で立原道造や小場晴夫と同期の薬師寺厚《ひろし》は、編集後記の中で「丹下健三氏の労作〈ミケランジェロ頌〉又堂々たる論文です」と記し、前川事務所に勤務の新進建築家とつけ加えている。

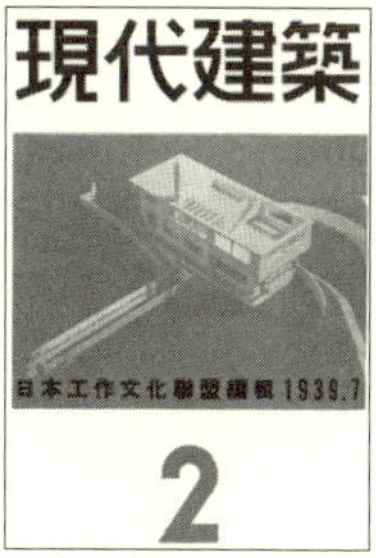

『現代建築』

三六年一二月に結成された日本工作文化連盟の理事長だった岸田日出刀は、その活動の一環として創刊された『現代建築』誌の巻頭文で建築ジャーナリズム論を展開し、編集者の重要性を力説して、担当するのは「東京帝国大学工学部建築学科」の卒業生、つまり自分の教え子たちの「新進気鋭でもっとも有望なる青年建築家」であり、全部の責任は日本工作文化連盟が持つことを述べていた。

編集や寄稿で活躍した主な建築家は、丹下と薬師寺のほか、高山英華（三四年）、小坂秀雄（三五年）、津田輝夫（三五年）、深尾実郎（三五年）、森田茂介（三六年）、柴岡亥佐雄（三七年）、佐藤亮（三八年）、本城和彦（三八年）などであった（数字は東大卒業年）。

これらの顔ぶれだけを見ると、まるで同人誌のような印象を受ける。しかし掲載された事例は、当時の代表的な重要作品が少なくない。

創刊号には坂倉準三のパリ万国博の日本館、第二号に堀口捨己の若狭邸、第七号に逓信省（担当は吉田鉄郎）の大阪中央郵便局などが載った。ほかには第八号の内田祥三他の大同都市計画、第一三号の堀口を中心とした千利休特集などが、いまなお貴重な資料として注目される。

このような内容の雑誌だったのに、たった一五号という短命で廃刊になった事情の主なものは発行部数が伸びなかったからに違いない。芸術志向の高踏的な傾向の強い誌面は、一般の読者の拡大に結びつかなかったものと推測される。

しかし、バックナンバーを改めて検討すると、いまなお建築の魅力を伝えようとした熱意が感じられ、建築ジャーナリズムの輝きとして記念すべき足跡と評価したい。

## 伝統の蘇生など多彩な功績

丹下健三を追悼する

建築家の丹下健三が二〇〇五年三月二二日に亡くなった。世界的名声を博したばかりでなく、日本の建築水準を国際的に高めた功績は大きく、その指導者の喪失は非常に惜しまれる。日本の戦後の芸術活動が世界で注目されるようになった中心の立役者として、映画における黒沢明と双璧であった。フランス芸術院の会員となった披露祝賀会で、会場に陳列された世界各国より贈られた賞状やメダルの数の多さに驚嘆させられたことがある。

日本の文化勲章は受章したが、しかし芸術院会員にはなれなかった。それは会員の選考によって決められる。丹下が選出されなかったのは、わが国における顕彰制度の歪みを象徴している。巷間の噂によれば、丹下が旧東京都庁舎や大阪万国博で協力した前衛画家の岡本太郎の起用が、一部の会員のひんしゅくを買ったからだという。

ことの真相は明らかでないが、知名度随一の人気建築家の丹下に対して、嫉妬や反感を抱く向きがいたことは確かである。丹下はいかなる誹謗や批判にもたじろがず、穏やかな態度で自己の理念を説明し続けた。それは尊敬するル・コルビュジエの毀誉褒貶に動じなかった姿勢とも似ていた。

丹下が建築を志したのは、旧制高校時代にル・コルビュジエの作品に魅せられたからである。大学時代すでに彼を論じ、卒業後二年目に本格的なル・コルビュジエ論を発表して注目された。就職先はル・コルビュジエの弟子の前川國男の事務所であった。そこで設計競技への応募という重要な方法を知った。これは前川がル・コルビュジエから学んだ流儀であり、丹下もそれを継承した。

四一年に東大へ戻ってから、戦時中の二度の設計競技で一位となり、その名は広く有名となった。四四年の在盤谷《バンコク》日本文化会館では師の前川が二位であり、短い期間に師を凌駕したのである。それ以後、戦後の数々の設計競技でも丹下は一位となり、実施された作品も多い。

丹下が国際舞台に登場したのは、設計競技で一位となった広島平和公園計画案を携えて、五一年にイギリスで開かれたＣＩＡＭ（近代建築国際会議）の第八回大会に出席して発表したときである。テーマは「都市の核」であり、原爆被災都市の復興をいかにするかと、多くの出席者の注目を浴びた。

ル・コルビュジエの弟子の前川は都市計画にあまり関心がなく、孫弟子の丹下は都市計画に熱心であり、後に「東京計画」を発表し、ユーゴのスコピエやイタリアのボローニャの都市計画を手がけた。しかし、前川と丹下もル・コルビュジエほど住宅――「人間の家」を追求しなかった。

丹下のデザインの特筆すべきは、日本の伝統を蘇生させようと努力したことである。その新鮮な造形こそもっとも注目された特徴であった。また構造設計の坪井善勝との協力によるシェル構造や吊り構造の開発は、画期的な空間を創造した。代表的作品は、香川県庁舎、国立代々木競技場、東京カテドラル、大阪万国博お祭り広場、東京都新庁舎などである。

最近の中東諸国など海外の業績により、世界の丹下として不動の名声を獲得した。

東大での門下生から、国際的に活躍している槇文彦、磯崎新、黒川紀章、谷口吉生などの逸材を輩出させたことも、丹下の教育者としての優れた功績とみなされよう。

浜口隆一

# 建築・デザイン評論の先駆者

評論に生涯をかけた浜口隆一

九五年に亡くなった浜口隆一の評論集『市民社会のデザイン』が刊行された。『ヒューマニズムの建築』という歴史的著作で知られ、建築およびデザインの分野における評論家として第一人者であった浜口隆一の業績の一部が、後輩の川添登（序文）、平良敬一（解題）、宮内嘉久（年譜）の諸氏を中心として多くの人びとによって実現したのである。

浜口は東京帝国大学工学部建築学科を三八（昭和一三）年に卒業したが、その卒業設計に対して同級の丹下健三や大江宏とともに辰野賞の銅賞が与えられた。銀賞は入江雄太郎と奥山恒尚であった。この本の年譜では「一級下だった吉武泰水の回想によれば、製図室で見ていた浜口の設計はうまく、クラスメートの間では丹下よりもむしろ評価されていたという」と記されている。

卒業設計は「満州国中央火力発電所」と題され、この本の図版によれば、大胆な造形を試みていたことが知らされる。卒業後、大学院に進み岸田日出刀教授の下でルネサンス建築を専攻するが、秋には大連公会堂の競技設計に応募した。このことは年譜に記されていないので補足しよう。

当時石本事務所にいた立原道造は、前川事務所にいた丹下健三に手紙を送って、次のように書いている。

「大連の懸賞をめぐって方々で、若い情熱が燃え上がったことは、この世紀の門出へのひとつの大きな花束であったとおもひます。その若い情熱のいづれもが、結果としてはどんな風

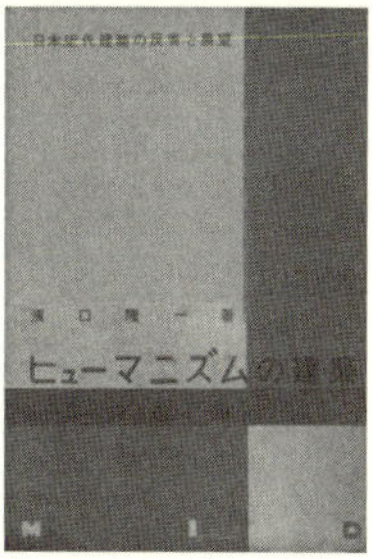

『ヒューマニズムの建築』

浜口隆一の卒業設計

にならうと、僕はかまはないとおもってゐます。濱口君が大連まで行ったことだけで何か立派だとおもってゐます。前川國男が大連へいったのよりはずっと意味があり、大きな花束のひとつの大きな花である行為だったとおもってゐます」

この「大連の懸賞」について、生田勉は次のように記している。

「大連市（旧関東州）の一般応募の懸賞設計で、審査委員長は岸田日出刀、課題は大連公会堂である。前川國男が一等と三等に入選した。濱口隆一は締切りに間に合わせるため海を渡って提出した。」（『立原道造全集第五巻・書翰』角川書店、七三年）

これによっていかに浜口が建築家への道に情熱的な意欲をもっていたかが知られよう。四一年に前川事務所に入るのは、建築家としての修業のためであった。相模書房の刊行予定リストの中にあったルネサンスの建築家・ブラマンテについての著作が未完に終わったのは、浜口の関心が学問か創作かの選択に揺れ動いていたからであろう。前川國男は浜口の資質と才能を見込んで、建築評論への道をすすめたと伝えられている。

その成果が今回の本の冒頭に収録された四四年の「日本国民建築様式の問題」という論文である。この論文は「在盤谷日本文化会館」の一等の丹下健三案と二等の前川國男案などが発表された際に四四年の『新建築』誌に発表され、建築評論家浜口隆一の登場として注目された。

のちに浜口が語るには、「国民」については西山夘三の『国民住居論攷』を意識し、「建築様式」については板垣鷹穂のいくつかの著作が念頭にあったということである。

またこの時、浜口と同時にもうひとりの建築評論家が登場したことも忘れることができない。それは生田勉である。彼は「紀念性について」という論文を四四年の『新建築』誌に発表した。その後しばらくの間、浜口と生田は似たような活動を続けた。戦後、ＭＩＤ（前川設計研究所）が刊行した『ＰＬＡＮ』誌に、浜口がこの本に収録されている「機能主義とヒューマニズム」を発表すると生田も機能主義についての論文を寄稿した。

この本の年譜の中に浜口から生田へ宛てた手紙がいくつか紹介されていて、二人の友情の様子をうかがい知ることができるのは貴重である。四三年の手紙の中の《建築意匠学序説――その歴史学としての成立》と題した覚書は、のちの四四年の論文や四八年の「建築意匠学・１」で展開される準備を伝えるものであった。

五〇年に『国際建築』誌が復刊されると、五一年に二人は編集顧問となり、数多くの記事を載せた。生田が渡米すると、浜口も少し遅れて渡米し、アメリカからの新鮮な建築情報を日本へ伝えた。五五年ころ生田が設計活動を始めると、二人はまったく別々の道へ進んでいった。

「機能主義の系譜」で浜口が新しい展開を見せていることについて川添が序文で、平良が解題でそれぞれ指摘しているが、これについては筆者も関係があるので触れておきたい。

それは私が五七年に提出した修士論文が機能主義に関するもので、それ以前の狭い偏向した事例にもとづく論評を批判し、新にグリーノウやヘーリンクやシャロウンなど多様な機能主義論を採り上げたのであった。審査した浜口はそれらを巧妙に自分の論文の中に援用して新たな論旨を展開した。浜口は率直にそのことを私に語った。その後、浜口の推挽によって私はフーゴー・ヘーリンクについての論文を活字にすることができた。〝有機的機能主義〟を浜口の論文の中に見出すと感慨無量である。

「ガラス建築の不安感」や「建築作品にひそむ人間像を通して」は、建築評論家としての浜口の真骨頂が発揮された論文である。事実に即して対象をとらえ、そこから主題を平明な言葉で解説するという論法は、教えられるところが多い。

「デザイン諸分野の連帯性」が六〇年に書かれたのは、当時、日本で「世界デザイン会議」が開かれたことがその背景として考えられる。多くのデザイン関係の分野の人びとが集って開いた会議は、彼に新しい視座の設定を意識させたに違いない。

その後の「サイン文化論」や「空間サイン学事始め」といった論文は、浜口が守備範囲を拡大して新たなデザイン論を展開した成果である。

最後の「地域の時代の建築」を読んで思い出すことがある。それは五九年ころ、ある小さな若い建築家のパーティーで、それまでの日本の戦後の建築界の成果について論議していたとき、名古屋の都市計画が大きく採り上げられたのに対して、浜口は怪訝《けげん》な表情をして反対したことである。

その後の浜口は表立って都市計画やアーバン・デザインについてあまり発言をしていない。そして、ある時期から「地域の時代」と主張し始めた。この論文にも「都市計画への疑問」という見出しでいわゆる「都市計画」に対する批判が提示されている。これは暗にル・コルビュジエや丹下健三をはじめとする建築家たちに対する非難なのかもしれない。

新たに「新機能主義」を提唱し、「ヒューマニズムの建築」にこだわり続けたのが浜口隆一の基本姿勢であった。

渡辺義雄　（撮影：齋藤康一）

## 伊勢神宮を撮った写真家

渡辺義雄の幅広い活躍

伊勢神宮は式年遷宮《しきねんせんぐう》の前後の姿がもっとも美しい。五三年の造替の翌年には新旧の社殿が両方並んでいた。御垣《みかき》越しに屋根と妻壁を見たにすぎないが、旧殿の屋根はかなり朽ちて痛々しく、妻壁や棟持柱は薄汚れていたのに比べて、新殿はすべて美麗な造形で輝いていて目を見張った。

伊勢神宮を御垣内《みかきうち》に入って、五三年にモノクローム、七三年にモノクロームとカラー、九三年にオールカラーと、三回も写真撮影ができたのは渡辺義雄ただひとりである。その成果は、『伊勢』（朝日新聞社、六二年）、『伊勢神宮』（平凡社、七三年）、『渡辺義雄の眼・伊勢神宮』（講談社、九四年）として刊行されている。

平凡社版は、撮影者として渡辺を推挙し五三年に同行した堀口捨己の論文と、渡辺の写真説明と撮影雑記が併載されていて、撮影の経緯が判明する。ちなみに本書は、毎日芸術賞の栄誉を受けた。

周知のように、伊勢神宮は、御垣内に入って鑑賞できるのは、ごく限られた関係者だけである。一般の人びとは御垣外《みかきそと》から屋根と妻壁を眺めるだけである。絶賛したブルーノ・タウトも同様であった。

日本を代表する建築として伊勢神宮を論ずる人は内外に多い。その人びとの抱いているイメージは、ほとんど渡辺義雄の写真によって移植されたものである。

渡辺は生前に建築写真家といわれるのを好まなかったと伝えられている。オール・ラウン

「船→建築展」パンフレット

ドの写真家を自負していたのである。しかし、渡辺が注目された最初は建築写真であった。竣工したばかりの「御茶ノ水駅」を評論家の板垣鷹穂の示唆で撮影し、『フォトタイム』誌の三三年一月に掲載されて高く評価された。編集長の木村専一は、写真界の新しい動向を推進し、バウハウスでモホイ＝ナジに会って、芸術写真を目指していて、すでに前年の三二年一月号の表紙に船舶の舳先《へさき》を撮った渡辺の作品を用いていた。

渡辺が四〇年に新鋭客船の新田丸を撮影していたことは、二〇一〇～二〇一一年に横浜の日本郵船歴史博物館で開催された「船→建築展」で明らかになった。一〇〇点ほど残された作品の中で、半数近くが陳列された。無料で頒布されたパンフレットはすぐれた手引である。

新田丸は三九年に竣工した日本郵船の客船で、当時の造船界の最高水準を発揮したものである。渡辺は日本郵船の広報写真を作成するために起用された。したがって新田丸の内外のすべての姿を撮った。しかし時局から機密保持のため公表されなかった。四二年に航空母艦沖鷹に改造され、翌四三年に撃沈された。

渡辺の写真は記録として貴重なものだが、それらの中には船舶の造形美を狙った作品も少なくない。先の展示では、渡辺の「機械美」の表現に焦点を当て、同時代の他の写真家の作品も参考例として陳列された。また、関連資料として雑誌や著作も加えられ、その中に、「機械美」の発見者のひとりのル・コルビュジエに触発された岸田日出刀著『現代の構成』（構成社書房、三〇年）も含まれている。岸田は自作の秩父丸の写真を表紙にあしらっていた。

向井覺

## 日本近代建築史の一側面

向井覺編著『逓信建築年表』を読む

向井覺が二〇〇八年三月一三日に逝去した。その一週間後の三月二〇日に向井覺編著『逓信建築年表 一八八五〜一九四九』が刊行され、文字通りの遺著となった。

思い起こすと、向井と親交を結ぶようになったのは四〇数年前である。六六年に山田守の死の意義についてコラムを書いたのが契機である。

山田守を最初に取り上げたのは、学生時代に東京厚生年金病院の見学会で設計者自ら案内と説明をされた印象が強く残っていたのと、その死の前後に代表作の東京逓信病院の建替問題が起こっていたからである。

拙文を読まれた向井から連絡があってお会いすると、身内の関係者ではなく、外部の研究者が逓信建築を論じたことを評価して下さった。それ以後、自著を数冊いただき、新刊も出るたびにお送り下さった。

著作活動のことについてうかがうと、大学の同期（東大第二工学部四四年卒業）の阿部公正、温品鳳治、河合正一、神代雄一郎、徳永勇雄などの教職についていた諸氏が建築メディアで活躍していて、専攻は異なるがいささか対抗意識があるかもしれないと漏らした。

遺著の内容の構成は、「逓信建築の人・組織・作品」大川三雄、「逓信建築作品年表」監修喜多幸次郎、そして「逓信建築年表」と続き、最後は「私と逓信建築」向井覺である。巻末には人名索引が付けられている。

「作品年表」はかなり多くの図版が収録されていて、建築史の資料としても貴重である。「年

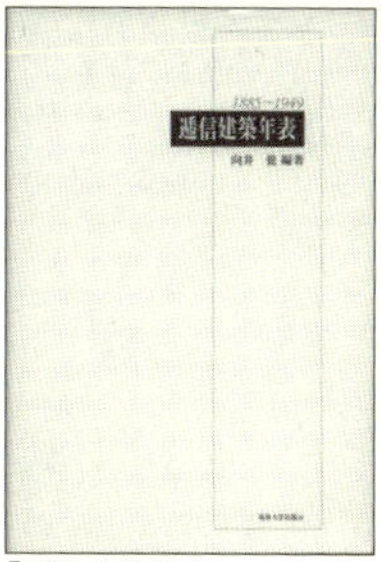

『逓信建築年表』

表」はこの本の中核をなすもので、主として官報の該当部分の再録ということであるが、これが実に注目すべき内容なのである。

一般に年表は、作成者の配慮による場合が多く、しばしば読む側にとって求めている情報が抜け落ちていることがある。この「年表」では、編者の意向が反映していて、組織の中でさほど重要な活動をしなかった人物についても記録が再現されているのが興味深い。

渡辺仁は、何度か会った時に、逓信省にいたことがあると語っていたが、具体的なことには触れなかった。この遺著では渡辺の在籍期間や担当作品などが大川によって記述され、「作品年表」では、高輪電話局の図版に渡辺仁と付記されている。「年表」では俸給や出張の記録が見いだされる。

親しくしていた生田勉（東大三九年卒）も最初に就職したのは逓信省だったが、どんなことをしたのかほとんど話さなかった。「年表」では、四三年に中央航空研究所の技手から技師に昇格したことが記録されている。一年先輩の入江雄太郎も同じ研究所にいたことが判明する。

これらはこの「年表」の読み方のひとつである。逓信省という官庁組織の中で功成った人物について詳しいのはいうまでもない。それらの情報はそれぞれの評伝などの裏付けとして有益であろう。

向井の遺著は、逓信建築という限られた分野の活動の記録であるが、その中に庁舎や局舎だけでなく、病院、研究所、研修所なども含まれているので、それらの成果は日本の近代建築の重要な側面史を構成する。

向井さん、どうもありがとう。合掌。

近江榮

## 建築家への愛情ある眼差し

近江榮の最新著を読んで

建築の設計競技（コンペ）において、しばしば「案」か「人」かということが論議される。「コンペの近江」として知られる建築史家の近江榮は、もちろん「人」つまり建築家の方を重視する。広範囲な研究をした建築史家・小林文次の弟子の近江が、あえて近代建築史を専攻したのは、そこでは特別に建築家・作家が研究対象となるからであろう。

近江の『光と影・蘇る近代建築史の先駆者たち』（相模書房、九八年）は、日本大学での最終講義にいくつかの論文を加えたものであり、建築よりも建築家に焦点が当てられている。建築家への熱い眼差しこそ、この本の主題なのである。

収録された論文の中には、研究者としての創見もいくつか含まれている。日本における鉄筋コンクリート建築の最初の設計者・真島健三郎、「帝冠様式」の語源の追求とその命名者の異色な建築家・下田菊太郎、小菅刑務所の設計者・蒲原重雄、三菱煉瓦街や同潤会の集合住宅における設計担当者など、近江が発見したり発掘した建築家たちは、日本の近代建築史の欠落部分を補てんする重要な成果である。

さらに、専門の設計競技についても、一等に当選したにもかかわらず採択されなかった建築家が少なくなかったことの指摘は、近代建築史の「影」の部分を抉り出すものである。また組織の中にいて設計者として埋没させられる建築家たちへの言及も痛切なものを感じさせられる。

近江榮は学生時代から親炙《しんしゃ》していた吉田鉄郎の『日本の庭園』の監修者まえがきを書き、

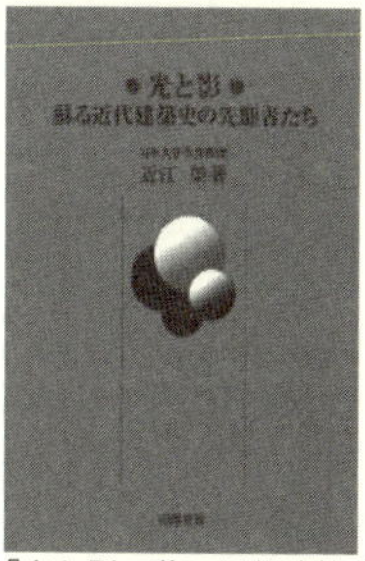

『光と影・蘇る近代建築史の先駆者たち』

それが絶筆であると前記した（本書九一頁）。吉田の遺著『スウェーデンの建築家』は口述によるもので、近江は矢作英雄と協力して、それを文字にして刊行しようと努力したが、実現したのは、五六年九月八日に亡くなった翌年の五七年一一月だった。

残念ながら、本書に収録されていない吉田鉄郎の著作に関する論文は、近江がいかに吉田の建築作品以外の業績を高く評価していたかを示している。エストベリを中心とした『スウェーデンの建築家』の誕生の秘話が含まれていて興味深い。

単行本でない故か、あまり知られていないのは、近江による吉田鉄郎の評伝である。これは企画・編集が村松貞次郎の『日本の建築「明治大正昭和」』第一〇巻の「日本のモダニズム」に収録されている。近江は「モダニストの思想と表現」と題して、吉田鉄郎、山口文象、前川國男の三人を論じている。これは建築史家としての近江の力量が感じられるものである。刊行の体裁上、ほとんど注目されず読まれていないのは惜しい。近江の執筆した文章の中でもっと読まれてよいものであろう。

吉田鉄郎や佐藤武夫の晩年のエピソードは、近江ならではの貴重な証言である。

佐藤武夫より伝えられたという佐藤功一の「至言」の、教師というのは「インフォメーション」ではなく「インスピレーション、インスパイアすること」を心がけて、近江は建築教育をしてきたという。

「建築大好き」な学生たちを育成しようと努めたのは、「人」としての建築家に大きな関心があり、人間と芸術への愛情に満ちていたからであろう。

## 建築ジャーナリズムにおける筆名

建築雑誌を賑わした人々

日本にル・コルビュジエを最初に紹介したエッセイの筆者は「やくしゞ朱圭」となっていた。これが大原美術館の設計者の薬師寺主計《かずえ》の筆名なのは明らかである。「かずえ」と正しく読まれなかったので、音読みの通称を捩《もじ》ったものである。

また「武羅野陶語」は説明するまでもなく「村野藤吾」の筆名であり、この有名な通称さえ本名の藤吉の捩りであった。

同じようなのは、ル・コルビュジエの著作の最初の日本語版『建築芸術』の訳者の「宮崎謙三」も、本名は謙二であったという。

「葦田哲郎」と「與志田鐵郎」が吉田鉄郎の捩りであり、役人だったので個人的な設計ではこのような変名を用い、一冊の本の中で二件の住宅の設計者として別々に並んで表記されているのは奇妙である（『現代住宅一九三三～四〇〈三〉』国際建築協会、四一年）。

「山口文象」は本名が山口瀧蔵、幼少時に養子先の姓に変わって、二三年の創宇社の結成時には「岡村蚊象」と、極小と最大の動物を組み合わせた名で茶目っ気を発揮、三〇年には「瀬田作士」という筆名を用い、同年末に養子縁組が解消して「山口蚊象」と改称、戦後は蚊が文になった。

三〇年に『現代住宅建築論』を刊行した「香野雄吉」は、その後に長いこと素性が不明で謎の人物であった。最近になって拙著『巨匠への憧憬』のなかで明らかになった。京大建築学科を中退して映画の分野へ転じたので、卒業生名簿には載っていないのである。加納龍一という本名を捩って筆名にしたらしい。

昭和初期、左翼思想が建築界にも浸透し、捩りではなく覆面の筆名が現れた。代表的なのは「香川三郎」で、三四年に『国際建築』誌に唯物史観の建築史を連載した。筆者の真相は、戦後に『建築史ノート』（西山夘三著　相模書房、四八年）のなかに収録されて明らかになった。西山は『新建築』誌四六年七月号に、本名とこの筆名を使い分けて別々の論文を寄稿したが、読者は気づかなかったに違いない。

ジャーナリズムにおいて編集者が筆名や略称で記事を書くことは慣習的であり、建築ジャーナリズムでも例外ではない。それらの内容は原則として情報を中心としたものである。

五〇年代の『新建築』誌で編集者たちが筆名で長文の評論を載せたのは異例の珍現象であった。「岩田知夫」（川添登）、「葉山一夫」（平良敬一）、「灰地啓」（宮内嘉久）である。同時期に『国際建築』誌でも「澤田清」という編集者の田辺員人の筆名の記事が載った。

五〇年代後半から『建築文化』誌に「八田利也」という筆名の記事が現れ、噂では音読みらしく、伊藤ていじ、磯崎新、川上秀光の三名の共同筆名ということだった。

六〇年代になってから出現した「中真己」はわたくしの筆名であると二〇〇〇年に明らかにした。思い上がった若い時代の心情から付けられたものである。丹下健三についての単行本の著者名にも用い、もったいないと指摘されたが、実名を出すことに執着がなかったので約二四年間も続いた。

（附記／建築界ではないが、推理作家の「飛鳥高」は島田専右氏（東大建築学科卒四二年）の筆名である。）

F. ブルネレスキ像

## 設計者を顕彰する影像　希少な建築家の例

古くから偉大な業績を顕彰する媒体として、文章、絵画、彫刻その他が用いられてきたが、もっとも効果があり格調の高い形式として彫像があげられる（紙幣や郵便切手は近代になってからである）。

対象の人物は、王侯貴族、政治家、軍人が多く、学者、発明家、芸術家などがそれらに続く。残念なことに土木・建築の技術者は非常に少なく、とくに設計者は数えるほどしかいない。

その乏しい事例の中で、もっとも有名なのはギュスターブ・エッフェルである。作品の塔に名前がつけられた上に、塔脚部に金色の首像が置かれている。訪れた人びとは設計者の肖像を見ることができるのである。

フィレンツェのドウモ広場の周囲の道路に接してフィリッポ・ブルネレスキの座像があり、自分の設計したサンタ・マリア・デル・フィオーレを見上げている。多くのガイドブックに載っていないので、建築家でさえ気がつく者は少ない。

自分の作品を見つめている彫像といえば、もっとも優遇されているのは、かつては世界最長のスパンを誇っていたゴールデン・ゲート・ブリッジ（一二八〇メートル）の設計者のジョセフ・バーマン・ストラウス（一八七〇～一九三八）であろう。

橋の南側のプレシディオ地区の公園の一隅に立像がある。近くに橋のメイン・ケーブルの断面の実物模型も展示されていて、訪れる人びとを感激させている。生涯に四〇〇もの橋梁を設計したストラウスの最後の作品となったのは、三七年の竣工の翌三八年に亡くなったか

J. コンドル像

山田守像

J. B. ストラウス像

らである。その功績はアメリカの誇りとして顕彰されている。

初めてストラウスの銅像を見たとき思い出したのは、廣井勇（一八六二〜一九二八）の胸像であった。幼少のころ住んでいた小樽市の小高い丘の上の公園にあって、小樽築港の設計者として顕彰されていた。もちろん自分の作品を遠望するように置かれていた（現在は港に面して広場に移されている）。

廣井は札幌農学校を卒業し、アメリカへ留学して帰国後は東京帝国大学に勤務し、日本の近代土木学の確立に偉大な貢献をした。ちなみに、最近観光スポットとして脚光を浴びている小樽運河の建設にも関与したといわれている。

建築家の彫像としては、東大の構内にコンドルの立像がある。日本の近代建築の基礎を開拓した功績の顕彰として設置されたものである。

他の建築家について詳しいことは知らないが、山田守の胸像が東海大学湘南キャンパスにある。多彩な活動の中で、とくにこの大学の建築学科の創設と多くの教育施設の設計者として、その功績を顕彰するために置かれているのだろう。

このような設計者を顕彰する彫像は、おそらく今後はあまり現れなくなりそうである。その理由は、周知のように最近の土木や建築における設計行為は、個人的なものよりも組織や団体による方向へ比重が大きくなっているからである。

## 「近代建築」研究の種本

プラッツの『最新時代の建築芸術』が復刻

日本建築学会の二〇〇一年の大会の建築歴史・意匠部門の研究協議会のテーマは「二〇世紀の建築、二一世紀への建築」となっていて、その主旨説明によれば「近代建築」というのは「二〇世紀」の建築を指すものらしい。この牽強付会な見解についての論評は差し控えておくが、「近代建築」を取り上げることには賛意を表したい。

これにちなんで、「近代建築」研究の種本といわれてきたプラッツの著作が最近復刻されたので、その再検討を試みよう。

三〇年の第二版の復刻であるから、七〇年ぶりということになる。ウルリヒ・コンラーツとヘルムート・ガイゼルトの編集による建築古典書の復刻として、二〇〇〇年に、原書とは版元を変更して刊行されたものである。

写真製版によるものらしく、図版の鮮明度は劣っているが、完全に復元されている。一般にこの種の復刻版には、新たにその意義や評価をめぐる解説が加えられることが多いが、今回の版では、最初に新たな出版社名や編集名を表記した四ページが加えられているだけである。

### 収録作品の多さで注目される

グスタフ・アドルフ・プラッツの *Die Baukunst der neuesten Zeit*（最新時代の建築芸術）という書物のことは、かなり以前から先輩の建築家や建築史家が愛読したことを知っていて、実物も見ているが、入手が困難な本であった。それが復刻されたのは非常に喜ばしい。

プラッツのこの本の初版は二七年であり、三〇〇ページ近い増補第二版は三〇年に刊行された。

日本でプラッツの本が、当時の類書の中でとくに注目されたのは、論旨の展開よりも、内容が豊富で収録作品の数が多かったからであろう。全体で六三五ページの約三分の一が本文で、残りのページはすべて図版や付録である。対象はドイツ、オランダ、フランスだけでなく、ソヴィエトやアメリカ、日本にまで及んでいる。最新作としてミースのバルセロナ博のドイツ館まで収録されている。

## わが国のプラッツ本の紹介は三〇年

三〇年の『新建築起源』吉村辰夫・輿石武著（建築工業社刊）には、参考書の中にプラッツの本が記されているが、ミースもドイツ館も載っていないので、利用したのは初版の方であろう。

日本の建築ジャーナリズムでは、『建築世界』誌が三〇年八月号から断続的に「欧米近代建築家列傳」を連載しているが、これはプラッツの本の巻末の建築家とその作品のリストを訳したものである。その数約一九四名と非常に多い。個々の内容ではかなり精粗のばらつきがあるが、貴重な資料である。訳者は編集部と表記されているが、川喜田煉七郎によるものである。

その川喜田煉七郎はプラッツの著作をもとにして「近代建築史」を『アイ・シー・オール』

誌に三二年九月号から連載を始めた。彼は三一年に同誌の創刊第一号から「新興建築史」と題して連載を始めたが、これは次号で打ちきりとなった。おそらく関心は高かったが独自の建築史を展開する非力の限界を感じたからであろう。

## 建築ジャーナリスト　川喜田煉七郎の先駆性

興味深いのは、日本の建築ジャーナリズムで「新興建築史」から「近代建築史」への呼称の変更が行われたという事実である。それが三一年から三二年にかけてであったというのは、建築史学の上でどのように評価されているのだろうか。

川喜田は「近代建築」の歴史的展望の必要性に鋭い見識を抱いていたので、改めてプラッツの著作を種本とし、その内容に準拠して「近代建築史」の執筆を試みたのである。単なる翻訳でなく、他の本や雑誌の情報を参考にして織り混ぜた点が、学者ではない建築ジャーナリストとしての川喜田らしいところであった。

その作業は相当に難航したらしく、8回に及ぶ連載は断続的に三年半近くかかり、最終回は三五年一二月号に掲載された。

この川喜田の「近代建築史」は、プラッツの本とは異なるものとなったが、日本における「近代建築」の歴史的研究としてもっとも画期的なものであった。ジャーナリスティックな記述は多くの読者をひきつけ、その内容は多くの建築家たちの知識として広まったのである。

## 戦前から戦後まで大きな影響与えたプラッツ本

五〇年代の『世界美術全集』（平凡社刊）の中の建築の事項の執筆は、そうそうたる建築家や建築史家によるものであり、「近代建築」に関する記述には、プラッツの本の影響が見受けられる。

刊行書が特殊なものなので、それらの論文は、建築界において言及されることは少なく、若い研究者の中には、その存在さえ知らない者がいた。分担執筆とはいえ、堀口捨己や吉田鉄郎といった著名な建築家たちの「近代建築」の研究が見出されるのである。

続く「近代建築」研究の成果の画期的なものは、五四年の日本建築学会刊行の『近代建築史圖集』である。執筆者は世代交替が行われて、河合正一、神代雄一郎、浜口隆一、村松貞次郎、山本学治で、編集は宮内嘉久であった。注目すべきは、いずれも東大第二工学部の関係者という点である。助教授だった浜口を除いて、すべて関野克教授の門下生である。

次の五八年の『建築学大系 六 近代建築史』（彰国社刊）の執筆者は、山本学治、神代雄一郎、阿部公正、浜口隆一であり、やはり浜口のほかは関野克の教え子であった。

## 戦後「近代建築」研究のキーパーソンは関野克

関野克《まさる》が戦後の「近代建築」研究のキーパーソンであったという事実は、非常に興味深い。専門は日本建築史であり、欧米の「近代建築」の研究についてはまったく知られていない。しかし、若い世代の後継者の中から「近代建築」の研究者が出現することを望んでいたらしい。

そのことを語ってくれたのは村松貞次郎であった。研究室を訪れた際、意外に蔵書の中に数多くの洋書があり、その中にプラッツの原書があるのを見つけて、関野もこのような本を読んでいるのかと訊ねたところ、戦中の四一年に第二工学部が発足して教授となったとき、本郷の工学部の蔵書の中から教育上重要な本として、移したもののとのことだった。

その後、関野の示唆によって建築史に関心のある学生や大学院生たちは、これらの洋書を読んだらしい。とくにプラッツの本は、前記の人びとの間で、熱心に読まれたとのことで、真相を知ることができた。

関野の専門の日本建築史では、伊藤ていじ、伊藤要太郎、村松貞次郎などが研究者として育成されたのはいうまでもないが、欧米の「近代建築」の研究者が多く出ているのは、非常に興味深い現象であり、それも関野の教育者としての功績なのである。

わたくし自身、プラッツの本を読んだのは、山越邦彦の所蔵の本を借りてからである。住宅設計のための簡易浄化槽の研究者として、横浜国大教授の山越と知り合いになり、その時六一年に発表した「サンテリーア」の拙稿をほめてもらい、自身も三〇年頃『建築時潮』という雑誌の編集をしていて、プラッツの本を入手したと話してくれた。拝借を申し出ると快く応じて下さった。

## アメリカにも影響与えたプラッツの本

日本だけでなく、アメリカにおいてもプラッツの本が「近代建築」の研究に関して、重要な役割を果たしていたのは注目される。

三二年のニューヨークの近代美術館の「近代建築・国際展」（これは「インターナショナル・スタイル展」と誤称され続けている）のカタログ本の参考文献リストにプラッツの本が載っていて（三一年刊と誤記）、展覧会の準備の情報源だったことが判明する。

ドイツ人の乳母に育てられてバイリンガルだったフィリップ・ジョンソンはこの本を持参してドイツ中を回ったと伝えられている。ミースについて詳細な評伝を書いたフランツ・シュルツはその中でそれを裏付けている。

展覧会のカタログ本と同時に刊行されたヒッチコックとの共著の『インターナショナルスタイル』の種本でもあったプラッツの本、その復刻の意義は大きいのである。

## プラッツおよび『最新時代の建築芸術』の研究書

意外に地味な建築家人生

二〇〇〇年に七〇年ぶりに復刻されたグスタフ・アドルフ・プラッツ（一八八一～一九四七）の『最新時代の建築芸術』第二版は、近代建築研究の上で重要な文献として、一時は洛陽の紙価を高めたと伝えられている。

今回の復刻版は建築古典書としての復元なので、この種の刊行物にありがちな解題や説明は加えられていない。

それらに該当するものとして、復刻版と同じ出版社から一冊の研究書が同年に刊行された。題名は『グスタフ・アドルフ・プラッツとその近代建築史書への貢献』で、著者はローランド・ヤエガーである。プラッツの略伝、その著作の解説、そして表題の論述がその主な内容である。

プラッツはクラカウ（現在はポーランドのクラクフ）に生まれ、〇〇年にベルリンのシャルロッテンブルク工科大学に入学して建築の学習を始めている（この学校はドイツにおける最高の名門校として知られ、多くの建築家を輩出した）。主な指導教授はオット・シュマルツ（一八六一～一九〇六）であった。

ヤエガーの研究書の各章は次のように構成されている。

序文「近代建築史の古典的著作の状況」、

一、建築振興と住宅改良：ハンブルクにおけるプラッツの初期活動（一一～一三年）

二、模範としての近代的工場建築：「新しい建築」展（一四年）

三、住宅の経済的援助：マンハイムにおける都市建築委員としてのプラッツ（一三～二三年）
四、伝統と共に近代をめざして：都市建築局長としてのプラッツの業績（二三～三二年）
五、戦後の建築の展覧会：「新しいタイプの建築」展（二七年）
六、現代の建築史：『最新時代の建築芸術』（二七年）
七、社会全体の繁栄のための法律：『建築警察と都市建築』（三〇年）
八、新建築の国際的動向：『最新時代の建築芸術』（三〇年第二版）
九、標準と豪華の間：『現代の住居空間』（三三年）
一〇、著作者としての仕事と建築家：ベルリンにおける『休養都市』（三二～四二年）
一一、『創造的新建築』：プラッツのマンハイムへの帰還（四二～四七年）
一二、『最新時代の建築芸術』と近代建築史書、注記
「付録」グスタフ・アドルフ・プラッツの書誌、以上である。

これによってプラッツの建築家としての歩みは、建築行政を中心とした官庁の建築家と、そして独立した自由な建築家の活動に大別される。

三〇年の著作の中で、巻末の建築家リストの中に自分の名前を加えているが、作品は二八年のマンハイムの小規模な集合住宅団地の一件だけに過ぎない。しかもそのデザインは勾配屋根のついているものである。

三二年からはベルリンで自立した建築家としての活動を始めている。ヒトラーによるナチス政権樹立の前年である。その後の一〇年間に及ぶベルリンでの活動について、意外にもこの研究書はあまり詳しくない。プラッツの作品として二件だけ図版が掲載されているが、い

ずれも寄棟の勾配屋根による集合住宅のデザインである。

世界の新しい建築デザインの動向を収集して大著を発表した建築家としては、その設計活動が余りに保守的だったのに驚かされる。ナチス政権の御用建築家だったトローストやシュペアのことは、プラッツのベルリン時代の記述の中にはない。おそらく、自己保身のために、建築運動に加わることなく穏健で伝統的な路線に従ったのであろう。

この研究書は、全体で二〇九ページであり、その中で多くのページが当てられているのは、八章の二〇ページと一二章の五八ページである。前者はプラッツの主著の解題であるから当然であるが、後者はプラッツの本の歴史的位置づけについての研究である。

この章で表紙カバーの図版付きで検討されている単行本の文献は、全部で二五点で、その中でプラッツの主著の第二版の三〇年以前の本は、約半数の一二点であり、他はプラッツの本の刊行と同年以降である。

〇七年のカール・シェフラーの『近代建築』から四一年のギーディオンの『空間 時間 建築』までの文献の中で、プラッツの著作の歴史的な意義を立証しようと試みている研究書といえよう。

# あとがき

収録した文章はすべて『日刊建設工業新聞』に寄稿したものが基になっている。コラムに執筆するようになったのは一九九六年からだった。二〇一〇年夏までに一二〇回近く掲載された。

担当の神子久忠さんは、わたくしの最初の著書の『二十世紀の建築家たちⅠ』を企画し刊行して下さった時から、いくつもの著作を誕生させた恩人である。編集者として、うるさい注文はつけなかったが、ただ一言「読者にとって刺激的なもの」という言葉が忘れられない。執筆のテーマは自由であった。

ただ三件だけ依頼されたことを明らかにしておきたい。それは、フィリップ・ジョンソン、丹下健三と向井覺の追悼文の依頼である。

「グラス・ハウス」の家族の問題についてすでに書いたことがあり、わたくしの学位論文の『「インターナショナル・スタイル」の研究』の中でジョンソンについて詳しく調べていたことを覚えていて申し出たに違いない。ジョンソンの全体的な評価はとてもできないが、ある側面なら書いてみたいと返事をした。掲載されると読者から批判されたので、応答としてシュルツのジョンソン論を紹介した。

丹下健三については、かつて筆名で著作を発表していて、内容は初期の「広島計画」までだったとしても、関心は持続しているのに違いないとの依頼であった。この方は、すぐに引き受け一晩で書いた。読んだ知人は「すごい早技だ」との感想を伝えてきた。

向井覺についても、生前からその著作を高く評価していて、日本の近代建築の貴重な資料として活用していた。

これら以外は、まったく時事的なテーマは取り扱わなかった。ただし、展覧会や新刊書については、わたくしなりの感想を執筆した。また国内外の見学旅行についても建築を中心にして書いた。ＴＶ番組の中で古代建築の年代の変更が話題になったときそれもテーマにした。

執筆した記事の内容は、古代建築、都市問題、建築工法、建築材料、建築メディアなど、建築そのもの以外の多岐多様な事柄にも及んだ。このため本にまとめて刊行するための編集の方針の確定が困難であった。

わたくしの著作には「建築家」について書いたものが少なくないので今回も「建築家」の記事を中心とする方針となった（割愛された記事には貴重なものも少なくない）。改めてそのリストを作成するとやはり「建築家」についての関心が大きく、その記事が多かった。特に多かったのは、ル・コルビュジエであった。ル・コルビュジエについては新しく発見された手帖やスケッチブックの日本語版の刊行に協力していたので、他の建築家よりも様々な情報を読者に伝達したいという思いが強かった。その一部は『知られざるル・コルビュジエを求めて』（王国社、二〇〇五）に収録した。その後も、ル・コルビュジエについてはいくつもの記事を発表した。今回はル・コルビュジエがパッラーディオの本を蔵書として残していて、その影響があったというコーリン・ロウの論文の裏付けとみなして書いた。これを本書に加えたのは、Ｆ・Ｌ・ライトのグッゲンハイム美術館のルーツを発見したサルトリスの記事とのバランスをとるためである。巨匠といわれる建築家も、過去の建築家の業績の影響を受けたという事例である。

ライトといえば、その弟子の岡見健彦のことが、我が国ではあまりにも無視されすぎでいる。岡見は、タリアセンにおいてドイツ人のクライムと共に、過去の透視図をインターナショナル・スタイルに近づけて描き直し、後に落水荘が出現する契機に関連しているのである。芸大の同窓会記念誌でさえ岡見を取り上げていないのは心外である。

わが国では有名なアントニン・レーモンドが、外国の建築メディアの資料ではあまり重要視されていない事実も気になった。一方で、日本空襲で米空軍に協力した真相も日本人としては知りたくなかったに違いない。

イオ・ミン・ペイも、日本空襲の研究に参加していたことがあるが、最近は日本国内で作品もつくられている。

マシュウ・ノヴィツキは、亡くなった直後、マンフォードの紹介によって、日本でも大きな関心を集め、ル・コルビュジエを中心とする仏英グループにチャンディガールの都市計画の仕事を横取りされたことは記事にまとめたことがある。

ポール・ネルソンのサンローの病院については、大学時代の計画の講義で知り、建築学会の資料集成に平面図と配置図が採録されている。『近代建築図集』の編集会議に招かれ、この作品を推したが、会議をまとめていた大学教授はそれは知らないからといって拒否された。

バウハウスについて、日本ではかなり知られているものと思ってほとんど書いたことがない。『近代建築の目撃者』の中で何人かの建築家とは話題にしただけである。しかし、二代目校長のハンネス・マイヤーの生徒だったアリエ・シャロンについては、イスラエルの集団住居のキブツの設計者として早くから紹介してきた。しかし、『芸術新潮』誌の世界遺産特集の座談会の中で、ある大学教授がシャロンのことを知らないと発言しているのは残念な思いをした。「ホワイト・シティ」として知られるテル・アヴィヴは、バウハウス様式（「インターナショナル・スタイル」の現地呼称）の成果として、世界でもっとも評価すべき都市であり、イスラエル建国前の三〇年代に数年で数千棟の建築を同じスタイルで建設したという事実は、オーギュスト・ペレのル・アーブルの復興とともに世界遺産に登録されたことは、都市デザインと建築との関係を考える上で重要である。それはル・コルビュジエの生地、ラ・ショー＝ド＝フォンの市街地が世界遺産に登録されたのと関連していると考えられる。

わが国の建築家については、あまり知られていない事実や、忘れられたり、無視されたりしている場合をとりあげた。

いくつかについては、わたくしの個人的事情を明らかにしなくてはならないだろう。

渡辺仁は、わたくしの設計依頼者の身内の顧問建築家ということで、住宅プランのチェックの時に、三回ほどお目にかかった。用件をすませてからの雑談は興味深いものだった。記録しなかったのは残念である。

立原道造とその友人たちについての記事もやや詳しい説明がいるだろう。最初の契機は、生田勉に会った時のことである。初対面で名乗るとわたくしの名前を以前から知っているといい、立原について書いた論文を読んだからだという。怪訝《けげん》な顔をすると中村真一郎から、わたくしの論文が掲載された雑誌を借りたとのことだった。高校時代から中村真一郎に読者としての感想文を送ったことから文通をするようになり、大学へ進んでから『北大季刊』四号に立原道造について書いた論文が掲載されたので送ったことがあった。それを生田は読んでいて、わたくしの名を記憶していたらしい。その時、立原の文学については中村が、建築については自分が書くから、余計な文章は書かないほうがよいといわれた。

生田の没後、未亡人の生田テルから連絡があり、立原記念館の展示・館報・図録などに協力してくれないかというのだった。生田勉はもういないが、立原について書ける人は他に多くいるだろうと考えた。そのことに触れると、稿料や報酬を払えないので、ほとんど断られたというので、引き受けることになった。「アテネの地図」の誤記のことは学生の頃から知っていたが、生田の生前には告げず、公表したのはテル夫人の没後である。

橋梁についての記事は、建築家があたかもデザインしたかのような誤った話が伝えられてきたからである。最近のメディアにも日本橋が妻木頼黄だけの設計であるかのような論文が載っている。

巻末の筆名は、思いつくまま拾い出したもので、もっと多いことは承知している。プラッツ、川喜田煉七郎、関野克門下生という、わが国の「近代建築研究の流れ」はひとつのモデルであって、蔵田周忠や、今井兼次などの業績も無視してはいけない。

収録した記事は、新聞に載った文章の原型にかなりの加工がなされていることを断っておきたい。紙面が限定されていたため、不十分な表現だったので、今回、加筆、削除、訂正が大幅になされている。

人名に関しては、全て敬称を省略させていただいた。失礼をお詫びしたい。

寄稿中に、参考資料の件で協力して下さった方々、赤松正子さん、海老名熱実さん、故菊岡倶也さん、古茂田真幸さん、三沢浩さん、南口千穂さん、清水建設広報部の皆様、ありがとうございました。

さらに掲載文を本にまとめて刊行することを承諾くださった日刊建設工業新聞社の飯塚秀樹社長をはじめとする皆様には心から感謝しております。

また出版業界の厳しい折に本書の刊行を英断された鹿島出版会の方々にも感謝します。この本の実現は編集をなさった、神子久忠、小川格、川嶋勝の皆様のご努力のおかげです。ありがとう。

最後になりましたが、本書を、この本の基になったコラムの執筆を見守ってくれた神子久忠さんに献じます。

二〇一二年四月六日

佐々木　宏

## 本書でとりあげた展覧会

［クッションから都市計画まで］ヘルマン・ムテジウスとドイツ工作連盟：ドイツ近代デザインの諸相、東京国立近代美術館（第一会場工芸館、第二会場本館1階企画展示室2・3）、2003年1月18日～3月9日、主催：東京国立近代美術館／京都国立近代美術館

「バウハウス・デッサウ展」、東京藝術大学大学美術館、2008年4月26日～7月21日、主催：東京藝術大学／産経新聞社

「デ・ステイル 1917-1932：20世紀モダニズムの起源/オランダ新造形主義の美術と建築」、セゾン美術館、1997年12月13日～1998年2月15日、主催：セゾン美術館／東京新聞

「ジュゼッペ・テラーニ：ファシズムを超えた建築」、水戸芸術館現代美術ギャラリー、1998年4月11日～6月7日、主催：水戸芸術館現代美術センター／ミラノ・トリエンナーレ事務局／ジュゼッペ・テラーニ日本展開催実行委員会

「バックミンスター・フラー展：宇宙空間をデザインした建築家」、神奈川県立近代美術館鎌倉館、2001年6月2日～9月2日、主催：神奈川県立近代美術館／読売新聞社／美術館連絡協議会／チューリッヒ・デザイン美術館

「ルイス・バラガン：静かなる革命」、東京都現代美術館、2002年4月27日～7月14日、主催：東京都現代美術館／ヴィトラ・デザイン美術館

「富本憲吉とデザイン空間」、松下電工汐留ミュージアム、2006年7月22日～9月24日、主催：松下電工汐留ミュージアム

「建築家 今井兼次の世界 II —初期作品から航空記念碑まで—」、多摩美術大学美術館、2007年9月12日～10月21日、主催：多摩美術大学美術館

「洋上のインテリア—船内装飾と建築にみる近代日本デザイン—」、日本郵船歴史博物館、2007年3月3日～9月2日、主催：日本郵船歴史博物館

「洋上のインテリア II」、日本郵船歴史博物館、2011年8月6日～11月27日、主催：日本郵船歴史博物館

「立原道造・建築家への志向」、立原道造記念館、1999年7月1日～9月26日、主催：立原道造記念館

「立原道造と小場晴夫—大学時代の友として—」、立原道造記念館、2001年10月4日～12月24日、主催：立原道造記念館

没後60年記念特別企画展「『優しき歌』の世界—立原道造と水戸部アサイ」、立原道造記念館、1999年3月27日～6月27日、主催：立原道造記念館

開館一周年記念特別展「立原道造と生田勉—建築へのメッセージ—」、立原道造記念館、1998年3月29日～6月28日、主催：立原道造記念館

「渡辺義雄が写した船」、日本郵船歴史博物館、2008年9月6日～12月28日、主催：日本郵船歴史博物館

大川三雄、田所辰之助共訳、鹿島出版会、2002年6月刊
『建築家・吉田鉄郎の『日本の建築』』(SD選書238) 吉田鉄郎著、薬師寺厚訳、伊藤ていじ注解、鹿島出版会、2003年10月刊
『建築家・吉田鉄郎の『日本の庭園』』(SD選書239) 吉田鉄郎著、近江榮監修、大川三雄、田所辰之助共訳、鹿島出版会、2005年2月刊
『近代日本の橋梁デザイン思想　三人のエンジニアの生涯と仕事』中井祐著、東京大学出版会、2005年7月刊
Iwao Yamawaki, *Iwao Yamawaki*, Steidl, 1999
Jonathan M. Reynolds, *Maekawa Kunio and the Emergence of Japanese Modernist Architecture*, University of California Press, 2001
「前川國男と弘前」『Ahaus』No.1, Ahaus編集部、2005年1月刊
『立原道造・建築家への志向』(展覧会図録)、立原道造記念館編、立原道造記念館、1999年刊
『立原道造と小場晴夫―大学時代の友として―』(秋季企画展図録)、立原道造記念館編、立原道造記念館、2001年刊
『国文学解釈と鑑賞』別冊「立原道造」長谷川泉監修・宮本則子編、至文堂、2001年刊
『立原道造全集』4　建築図面、彩色画、スケッチ、建築評論、翻訳1･2、採録文集、拾遺文集、筑摩書房、2009年
『現代建築』日本工作文化聯盟、1939年～1940年刊
『復刻版現代建築』笠原一人著・監修、国書刊行会、2011年12月刊
『市民社会のデザイン　浜口隆一評論集』浜口隆一著、浜口隆一の本刊行会編、而立書房、1998年6月刊
『逓信建築年表　1885-1949』向井覺編著、東海大学出版会、2008年3月刊
『光と影　蘇る近代建築史の先駆者たち』近江榮著、相模書房、1998年1月刊
Gustav Adolf Platz, *Die Baukunst der neuesten Zeit*, Gebrueder Mann Verlag, 2000.1
Roland Jaeger, *GUSUTAV ADOLF PLATZ und sein Beitrag zur Architecturhistorigraphie der Modern*, Mann, 2000

## 本書でとりあげた文献

『クッションから都市計画まで—ヘルマン・ムテジウスとドイツ工作連盟：ドイツ近代デザインの諸相 1900-1927』(展覧会図録)、京都国立近代美術館、2002年11月刊
Charlotte Perriand, *Une vie de creation*, Odile Jacob, 1998 (『シャルロット・ペリアン自伝』シャルロット・ペリアン著、北代美和子訳、みすず書房、2009年6月刊)
ed. Stamo Papadaki, *Le Corbusier: architect painter writer*, Macmillan, 1948 (『ル・コルビュジエ作品集』スタモ・パパダキ編、生田勉訳、美術出版社、1953年11月刊)
Manfredo Tafuri, Francesco Dal Co, *Architettura contemporanea*, Electa, 1976(『図説世界建築史 16 近代建築 [II]』マンフレッド・タフーリ／フランチェスコ・ダル・コ著、片木篤訳、本の友社、2003年12月刊)
J. L. Sert, *Can our cities survive?: An ABC of urban problems, their analysis, their solutions; based on the proposals formulated by the C.I.A.M., International … internationaux d'architecture moderne*, H. Milford, Oxford University Press, 1942
Robert Wojtowicz, Bruce Brooks Pfeiffer, *Frank Lloyd Wright & Lewis Mumford: Thirty Years of Correspondence*, Princeton Architectural Press, 2001 (『ライト＝マンフォード往復書簡集 1926-1959』B.B. ファイファー／R. ヴォトヴィッツ編、富岡義人訳、鹿島出版会、2005年6月刊)
Franz Schulze, *Philip Johnson: Life and Work*, Knopf, 1994.11
Mardges Bacon, *Le Corbusier in America: Travels in the Land of the Timid*, The MIT Press, 2001.4
Le Corbusier, *Quand les cathédrales étaient blanches : voyage au pays des timides*, Editions Gonthier, 1937 (『伽藍が白かったとき』ル・コルビュジエ著、生田勉／樋口清訳、岩波書店、1957年10月刊、『伽藍が白かったとき』(文庫版) ル・コルビュジエ著、生田勉／樋口清訳、岩波書店、2007年7月刊)
『A・レーモンドの建築詳細』三沢浩著、彰国社、2005年4月刊
『自伝アントニン・レーモンド』アントニン・レーモンド著、三沢浩訳、鹿島出版会、1970年刊 (新装刊 2007年9月刊)
『アントニン・レーモンドの建築』三沢浩著、鹿島出版会、1998年9月刊
『A・レーモンドの住宅物語』(建築ライブラリー7) 三沢浩著、建築資料研究社、1999年9月刊
『[ケンチクカ] 芸大建築科100年建築家1100人』東京藝術大学建築科百周年誌編集委員会編、建築資料研究社、2007年9月刊
『建築家・吉田鉄郎の『日本の住宅』』(SD選書237) 吉田鉄郎著、近江榮監修、向井覺、

**ヤ**行



**ラ**行



**ワ**行

16, 54, 55

**ハ**行

バウアー，キャサリン(Catherine Bauer)　47
パッラーディオ，アンドレア(Andrea Palladio)　34
浜口隆一　141, 146, 147, 149, 163
バラガン，ルイス(Luis Barragan)　70, 71
バルトニンク，オット(Otto Bartning)　20, 33
バンシャフト，ゴードン(Gordon Bunshaft)　62, 63
ビーティ，ハミルトン(Hamilton Beatty)　65
樋口 清　87, 114
ヒッチコック，ヘンリー＝ラッセル(Henry-Russel Hitchcock)　20, 35, 41, 53, 58, 165
ヒルベルザイマー，ルードヴィヒ(Ludwig Hilberseimer)　12
廣井 勇　159
ファイファー，ブルース・ブルックス(Bruce Brooks Pfeiffer)　46
フィッシャー，テオドール(Theodor Fischer)　24
ブーレ，エティエンヌ＝ルイ(Etienne-Louis Boullée)　49
藤井厚二　79, 89, 96
藤木忠善　116
藤森照信　27, 96, 115, 137
フラー，バックミンスター(Buckminster Fuller)　49～51
フライ，アルベール(Albert Frey)　33
フライ，マックスウェル(Maxwell Fry)　54, 68
プラッツ，グスタフ・アドルフ(Gustav Adolf Platz)　41, 48, 89, 160～168
フランプトン，ケネス(Kenneth Frampton)　45
プルーヴェ，ジャン(Jean Prouvé)　36
ブルネレスキ，フィリッポ(Filippo Brunelleschi)　158
ブレイク，ピーター(Peter Blake)　44, 60, 61
ブロイヤー，マルセル(Marcel Breuer)　13, 14, 19, 30, 31, 65, 69
ペイ，イオ・ミン(Ieoh Ming Pei)　17, 75
ベイコン，マージェス(Mardges Bacon)　64～66
ベーム，ゴットフリート(Gottfried Böhm)　21
ベーム，ドミニクス(Dominikus Böhm)　20～22, 33
ヘーリンク，フーゴー(Hugo Haring)　13, 47, 89, 148
ベーレンス，ペーター(Peter Behrens)　19
ペリ，シーザー(César Pelli)　71
ペリアン，シャルロット(Charlotte Perriand)　36, 37, 64, 68
ベルラーヘ，ヘンドリク(Hendrik Berlage)　32
ペレ，オーギュスト(Auguste Perret)　20, 33, 52, 116, 117
ホフマン，ヨゼフ(Josef Hoffmann)　32, 61, 84
堀口捨己　67, 84, 89, 94, 104, 143, 150, 163

**マ**行

マークス，ローラ(Laura Marks)　61
マイ，エルンスト(Ernst May)　12, 14, 24, 25, 47
マイヤー，アドルフ(Adolf Meyer)　24
マイヤー，アルバート(Albert Mayer)　16, 54, 55,
マイヤー，ハンネス(Hannes Meyer)　14, 27, 32
前川國男　25, 35, 37, 47, 72, 77, 82, 83, 104, 110～117, 132, 138, 140, 141, 144～147, 155
槇 文彦　145
牧野正巳　66, 120
真島健三郎　154
マックレラン，ヒュー(Hugh McClellan)　66
マンドロ，エレーヌ・ド(Hélène de Mandrot)　32
マンフォード，ルイス(Lewis Mumford)　46, 47, 54, 55, 135
ミース・ファン・デア・ローエ，ルートヴィッヒ(Ludwig Mies van der Rohe)　12, 19, 22, 23, 27, 31, 34, 46, 56, 58～61, 161, 165
三沢 浩　73, 74, 109

佐藤武夫　155
佐野利器　94
サルトリス，アルベルト（Alberto Sartoris）　44, 45
サンテリーア，アントニオ（Antonio Sant' Elia）　11, 44, 164
シェフラー，カール（Karl Scheffler）　168
下田菊太郎　154
ジャコブス，ロバート・アラン（Robert Allan Jacobs）　66
シャロウン，ハンス（Hans Scharoun）　13, 23, 86, 148
シャロン，アリエ（Arieh Sharon）　13, 26
ジャンヌレ，ピエール（Pierre Jeanneret）　15, 36, 68
シュヴァルツ，マリア（Maria Schwar）　68
シュヴァルツ，ルドルフ（Rudolf Schwarz）　22, 23, 33
シュペア，アルベルト（Albert Speer）　13, 40, 168
シュルツ，フランツ（Franz Schulze）　56, 57, 59, 60, 61, 165
ジョンソン，フィリップ（Philip Johnson）　47, 51, 53, 56～61, 165
杉浦明平　129
鈴木博之　72, 126
スタム，マルト（Mart Stam）　13, 19, 25, 30, 31
ストーン，エドワード・D.(Edward Durell Stone)　63
ストノロフ，オスカー（Oscar Stonorov）　33
ストラウス，ジョセフ・バーマン（Joseph Baermann Strauss）　158, 159
スミッソン，アリソン（Alison Smithson）　69
ゼヴィ，ブルーノ（Bruno Zevi）　11, 41
関野 貞　98
関野 克　77, 163, 164
セルト，ホセ・ルイ（José Luis Sert）　14, 40, 41, 43
ゼンパー，ゴットフリート（Gottfried Semper）　10, 27

**タ**行

ダイケル，ヨハネス（Johanes Duiker）　95
平良敬一　146, 148, 157
タウト，ブルーノ（Bruno Taut）　2, 68, 74, 88, 92～94, 98, 112, 118, 121, 150
タウト，マックス（Max Taut）　12
武 基雄　122, 128, 129, 134
武田五一　103, 124
立原道造　118～136, 138, 139, 142, 146
田中 豊　102, 103
田辺員人　76, 157
田辺淳吉　78
谷川正己　108, 109
谷口吉生　145
谷口吉郎　91
丹下健三　10, 27, 32, 42, 43, 115, 118, 125, 129, 132, 136, 137, 138, 140～147, 149, 157
チェルニホフ，ヤコブ（Yakov Chernikhov）　49, 105
柘植芳男　89, 95
土浦亀城　38, 45, 68, 89, 97, 104, 109
土浦信子　68
テラーニ，エリザベッタ（Elisabetta Terragni）　39
テラーニ，ジュゼッペ（Giuseppe Terragni）　11, 38, 39
ドゥースブルフ，テオ・ファン（Theo van Doesburg）　27～29, 104
富本憲吉　78, 79, 81
ドリュー，ジェーン・B.（Jane B. Drew）　68
トロースト，ゲルディ（Gerdy Troost）　68
トロースト，パウル・ルートヴィッヒ（Paul Ludwig Troost）　68, 168

**ナ**行

中井　祐　102
中村順平　114, 115
ニーマイヤー，オスカー（Oscar Niemeyer）　16, 77
西山夘三　76, 147, 157
ネルヴィ，ピエール・ルイジ（Pier Luigi Nervi）　51
ネルソン，ポール（Paul Nelson）　16, 37, 52, 53
ノイトラ，リチャード（Richard Neutra）　47, 71, 86, 97
ノヴィツキ，マシュウ（Matthew Nowicki）

## 索引

### ア行



### カ行



### サ行

著者略歴

佐々木 宏（ささき・ひろし）

1931年生まれ。北海道大学工学部建築工学科を経て、東京大学大学院修士課程および博士課程修了。学位取得。建築家（設計と併行して二〇世紀建築思潮を研究）。

主な著書

『THE MODERN JAPANESE HOUSE』（日貿出版社、1970）

『現代建築家の思想：丹下健三序論』（筆名：中真己、近代建築社、1970）

『コミュニティ計画の系譜』（鹿島出版会、1971）

『現代建築の条件』（彰国社、1973）

『二十世紀の建築家たちⅠ・Ⅱ』（相模書房、1973、1976）

『昭和建築史』（編著、新建築社、1977）

『近代建築の目撃者』（編著、新建築社、1977）

『ル・コルビュジエ断章』（相模書房、1981）

『「インターナショナル・スタイル」の研究』（相模書房、1995）

『巨匠への憧憬—ル・コルビュジエに魅せられた日本の建築家たち』（相模書房、2000）

『佐々木宏書誌目録1952-2001』（刊行委員会、2002）

『二十世紀建築のあるパトロン—ヘレン・クレーラー＝ミューラーと建築家たち』（私家版、2002）

『知られざるル・コルビュジエを求めて』（王国社、2005）など

主な訳書

『経験としての建築』ラスムッセン（美術出版社、1966）

『ル・コルビュジエ』チャールズ・ジェンクス（鹿島出版会、1978）

『ヤコフ・チェルニホフと建築ファンタジア』（訳編、プロセスアーキテクチュア、1981）

『建築の空間』ファン・デ・フェン（丸善、1981）

『ル・コルビュジエの手帖—ドイツ紀行』（同朋舎出版、1995）

『ル・コルビュジエの画帳—ラ・ロシュ・アルバム』（同朋舎出版、1997）など

真相《しんそう》の近代建築《きんだいけんちく》

数奇《すうき》な運命《うんめい》の建築家《けんちくか》たち

発　行　2012年5月25日　第1刷

著　者　佐々木《ささき》　宏《ひろし》

発行者　鹿島光一

発行所　鹿島出版会

〒104-0028　東京都中央区八重洲2-5-14

電話03-6202-5200　振替00160-2-180883

編集・制作　南風舎

印刷・製本　壮光舎印刷

ISBN 978-4-306-04573-6 C3052



本書の内容に関するご意見・ご感想は下記までお寄せください。

URL: http://www.kajima-publishing.co.jp

e-mail: info@kajima-publishing.co.jp